文化哲学：
实践哲学的当代形态

王宏宇　著

黑龙江大学出版社
HEILONGJIANG UNIVERSITY PRESS

图书在版编目(CIP)数据

文化哲学：实践哲学的当代形态／王宏宇著. --
哈尔滨：黑龙江大学出版社，2013.5（2021.8重印）
ISBN 978 - 7 - 81129 - 636 - 5

Ⅰ. ①文… Ⅱ. ①王… Ⅲ. ①文化哲学 - 研究 Ⅳ.
①G02

中国版本图书馆 CIP 数据核字(2013)第 164252 号

文化哲学：实践哲学的当代形态
WENHUA ZHEXUE：SHIJIAN ZHEXUE DE DANGDAI XINGTAI
王宏宇　著

责任编辑	张怀宇　林召霞	
出版发行	黑龙江大学出版社	
地　　址	哈尔滨市南岗区学府三道街36号	
印　　刷	三河市春园印刷有限公司	
开　　本	720毫米×1000毫米　1/16	
印　　张	14	
字　　数	151千	
版　　次	2013年5月第1版	
印　　次	2022年1月第2次印刷	
书　　号	ISBN 978 - 7 - 81129 - 636 - 5	
定　　价	48.00元	

目　　录

导　　论

　　实践哲学和文化哲学这两个名词既被用来表述两种不同的哲学路向，又被用来表述马克思主义哲学的两种建构模式和理论形态。在西方哲学的发展历程中，实践哲学有着悠久的历史，而自19世纪以来，西方文化哲学的兴起也成为思想史上的重要事件，这两种理论形态对马克思主义哲学的发展都有着深刻的影响。在马克思主义的理论逻辑中，实践哲学与文化哲学之间的关系是非常密切的。在某种意义上，这两种理论形态都不是一个完整、封闭的理论体系，而是一个开放的、"正在进行"的理论视角。马克思主义文化哲学在对当代人类生存困境进行反思和批判的过程中，所形成的对现实人类社会生活的理解，以及在此基础上形成的对人类命运的终极关怀，从文化的视角凸显了马克思主义实践哲学的基本精神和价值取向。在某种意义上，可以说文化哲学是实践哲学的一种当代形态。文化哲学的视角本来就内在于实践哲学之中。

一

　　何谓实践？何谓文化？这两个概念本身就有多种解释。实践主要有以下几种含义:第一,本体论意义上的实践,也就是马克思所讲的人的类本质,自由自觉的活动。第二,认识论角度的实践,指的是和"认识"或"理论"相对的人类活动,也就是中国古人所讲的"知行合一"中的"行"。毛泽东把这种意义上的实践分为三类:生产实践、阶级斗争和科学实验。第三,道德伦理和政治意义上的实践,这也是亚里士多德意义上的实践。第一种意义上的实践范围最广,能够涵盖第二种实践和第三种实践。笔者基本上是在第一种意义上使用"实践"概念。

据说文化的定义有200多种,但文化概念的基本意义都是指和"自然"概念相对的人的活动。从古至今,"自然"与"文化"就是支配人类生存的两种力量。"自然"概念可以从两个角度去理解:其一,自然是人类产生之前就已经存在的广阔的世界,它代表着永恒不变的必然规律,无论人类存在与否,自然都以同样的规律和节拍在运行。在马克思看来,这个自在的、纯客观的自然界确实具有对人的存在的优先性,但这是与人的存在无涉的自然界,对人而言是无意义的。其二,它是人的活动对象的自然界,这个自然界是借助人及人的对象性的活动而获得规定性的,是人生活于其中的自然界,是人的实践活动在其中得以展开的自然界。在这个意义上,它是与人同时诞生的。因而马克思说,人与自然是通过自身而存在的,关于它们的存在有无可辩驳的证明。这个证明就是人的现实的、历史性的实践活动。因此,实践不仅是人的本质的存在方式和活动方式,而且是现实的感性世界存在的根基,是人类历史得以生成和存在的根基。因而文化和自然的关系是双重的:一方面,文化的规律必须服从自然的规律;另一方面,人类的实践活动及成果极大地改变了自然的面貌,使得自在的自然变成了人化的自然。这个人化的自然界,也就是现实的人类生活的世界、人的意义世界和价值世界,也就是人类文化的世界。对这个文化世界的理解必须从人及其活动出发。正是在这个意义上,茅盾称"人是最美丽的风景"。

从普通意义上讲,文化是"人为"的力量,是人的一切自由活动及其结果,在此意义上相当于"文明",包含物质、制度、精神等各个层面的一切成果。笔者认为,从更精确的哲学意义上讲,文化是人的精神活动,是人的生存方式,是广义的文化的精神内核,是人的行为模式、生存方式和生活的"样法",是一个民族、国家、地区所特有的、经过长期的历史变迁而形成的深层次的生存方式、精神气质,内在于广义的文化产品之中。笔者所谈的文化,基本上是哲学意义上的文化。文化是具体文明形态的最核心要素,比如中国文化和印度文化、朝鲜文化,它们各自的核心要素是不一样的,从历史唯物主义的角度来说,国家都是由经济基础决定上层建筑的,但是这几个同样的或者相似的经济基础,为什么产生出不同的上层建筑,这就是思想文化领域的问题了,所以,文化哲学和历史唯物主义的视角并不矛盾,它们分别从不同的角度去分析文化。

由此说来,"文化"与"实践"这两个概念都是指人的活动,只不过思考角度不同,实践是人的自由自觉的活动本身,文化是实践活动的内在图式,呈现出一种相对稳定的样态。人处于动物与神之间,既不绝对属于盲目的自然界,也不可能完全自由,达到神的位置。对实践的理解、对文化的理解就是对人在宇宙中位置的理解。实践哲学的复兴正是建立在人类个体的自由和独立基础上,建立在对人的实践活动的创造性和超越性、人与自然关系的认识和理解的基础上。也正是在这一过程中,思想家通过对现代人类生存危机的反思和批判,逐步形成了20世纪普遍的文化自觉,在文化自觉这一前提下,文化哲学得以兴起。因而,实践哲学和文化哲学的兴起,都是人类对自身的理论思考日渐成熟的必然结果。

实践哲学和文化哲学的概念也是不确定的。实践哲学的含义有:第一,马克思意义上的实践哲学,是以人的自由自觉的活动为核心,以扬弃异化和人类自由解放、全面发展为目标,以理论和实践("知"与"行")相统一为宗旨,以实事求是和批判现存为特点的哲学样态。这就是现代学者对马克思主义实践哲学的基本共识,笔者基本上是在这种意义上使用实践哲学这一概念的。第二,传统西方哲学意义上的实践哲学,包括道德哲学和政治哲学,这是从亚里士多德开始一直到德国古典哲学对"实践哲学"一词的传统理解,这种理解方式在20世纪也有人遵循,如罗尔斯等人对道德哲学和政治哲学的探讨,阿伦特对实践概念的探讨,就属于传统意义上的实践哲学范畴。第三,19世纪中期以来的现代西方哲学对实践哲学的其他理解和表述,如杜威的实用主义的实践哲学、伽达默尔的解释学意义上的实践哲学等。笔者认为,这三种意义上的实践哲学有着比较深刻的理论关联,对它们之间的关系的探讨有待于深入。

文化哲学的含义有如下几种:第一,它是建立在文化学研究基础之上的理论总结和哲学思考,这是最普泛的文化哲学概念,这种意义上的文化哲学属于一种部门哲学,它把文化当成与政治、经济并列的社会子系统和实践领域来研究。第二,在精神哲学和人文哲学意义上来理解文化哲学，它是与自然哲学相区别的理论体系，这种意义上的文化哲学，以生命哲学和新康德主义的文化哲学为代表。新康德主义的代表李凯尔特区分了"自然科学"与"文化科学"（狄尔泰称为"精神科学"），并在此基础上强调文化哲学的独特性。第三，20世纪以来的各种文化批判思潮，比如胡塞尔、海德格尔等人的文化批判，舍勒的哲学人本学，福柯等人的后现代主义思潮。第四，马克思主义文化哲学，这种意义上的文化哲学在马克思主义哲学中并不是一个单独的部门，而是内在于实践哲学构想中的一种"致思理路"和隐含逻辑，西方马克思主义的文化批判是马克思主义文化哲学的一种展开形态，但并不是终结形态，这种意义上的文化哲学正在深化，笔者要讨论的正是这种意义上的文化哲学。它和前三种意义上的文化哲学有着密切的联系，但是还不能归结为这三种意义之一。

　　马克思主义文化哲学与马克思主义实践哲学具有内在的一致性，但是侧重点有所不同。马克思主义文化哲学首先是一种观照实践活动的理论视角，它从实践活动的具体模式方面，尤其是日常生活结构方面来探索实践的深层规律和机制。在19世纪，马克思主义理论的关注点是建立以实践为核心的哲学理解模式和理论框架，并把焦点放在推动对政治、经济的批判和对现实的革命途径上。到了20世纪，随着对文化自觉和现代西方文化学、文化哲学的深入研究，马克思主义理论的关注点从政治经济批判转为文化批判，马克思主义哲学的文化内涵得以凸显和展开，这主要表现在西方马克思主义的文化批判上。第一代西方马克思主义者以卢卡奇为代表，提出了意识形态批判。在第二代西方马克思主义者中，法兰克福学派的文化批判、法国存在主义的马克思主义的日常生活批判、东欧新马克思主义从人道主义出发进行的文化批判都是马克思主义文化哲学的代表形态。在这些理论表述中,文化哲学从一种内在于实践哲学的理论视角转变为一种实践哲学的外显形态。换言之,在马克思那里,文化哲学是理解实践哲学的一种视角,而在西方马克思主义者那里,文化哲学就是实践哲学本身的一种表现形式。这种思路有助于我们重新理解马克思主义,为我们提供了发展马克思主义的一种可能路径。

笔者认为,当代中国的文化哲学的建构应该从马克思实践哲学思考中发掘文化哲学的意蕴,吸收西方马克思主义和现代西方文化批判思潮中的合理之处,建立具有中国气派的自觉的文化哲学体系。这种文化哲学构想是马克思主义实践哲学的一种基于当代情境的出场方式。这种马克思主义的出场方式或者当代形态是建立在对人类文化模式和日常生活世界的深刻理解与批判基础上的。笔者并非想用文化哲学去取代对马克思主义的其他解释模式,比如交往哲学、生存论、发展哲学、历史哲学等,这些解释模式各有各的特点和无法被取代的理论优势。但笔者要说的是,马克思主义文化哲学作为实践哲学的内在要求,同样具有其他解释模式无法取代的优点,那就是对文化模式、文化危机、文化转型的理论探讨,对人的具体生存境遇的关注和对日常生活世界的批判。

二

纵观西方哲学的发展历史,实践哲学具有非常悠久的历史。

古希腊的实践思想内涵十分丰富,从苏格拉底开创了哲学的伦理学传统之后,亚里士多德第一个提出了实践概念,并构造了第一个实践哲学体系,随后,希腊化时代的伦理学研究又将实践哲学推向了一个高潮。近代以来,实践哲学从伦理和政治两个方面向前发展,在德国古典哲学之中达到了另一个实践哲学的高峰。但是从哲学范式上看,这一时期的实践哲学仍然没有脱离思辨哲学。而且近代哲学带来了实践内部的分化,促使了科学技术的飞速发展,导致了"道德的实践"和"技术的实践"的分离,最终导致了技术理性和价值理性的分裂,实践的工具和操作层面压倒了价值层面,人类面临巨大的生存危机。面对人类的生存危机,思想家开始对人类的生存境遇和人的实践活动进行深刻反思,这开启了对技术理性的批判和对古典实践观的重新探讨。

而作为哲学范式的实践哲学的真正创立是从马克思开始的,马克思开创的现代实践哲学使哲学从纯粹思辨理论的观念世界回到现实生活,掀起了哲学领域乃至整个人类思想文化领域一场深刻的革命。自马克思以后,在国际上,关于实践哲学的探讨和建构主要有如下方向:首先是西方马克思主义诸流派对发达工业社会和现存社会主义进行的全方位的批判,这些流派的文化批判理论或社会批判理论的基础是实践哲学,而实践哲学的基本框架是奠定在青年马克思的理论构想之上的。从卢卡奇、柯尔施、葛兰西为代表的第一代西方马克思主义者到法兰克福学派、萨特等第二代西方马克思主义者,以及包括南斯拉夫的实践派、匈牙利的布达佩斯学派、波兰的人道主义学派、捷克的存在人类学派在内的东欧新马克思主义者,都立足于马克思的早期思想。他们主张回到马克思,坚持实践哲学的立场,主张社会主义的人道化和实践的人道化。他们从不同角度系统地阐发了各自的马克思主义实践哲学的思想,他们所做的大量工作,为我们进一步发展马克思主义实践哲学提供了丰富的理论资源。其次是西方哲学界其他流派对实践问题的研究和关注,如杜威的实用主义实践论、伽达默尔的解释学实践论。另外,值得关注的是,罗尔斯、诺齐克、麦金太尔等人掀起了研究政治哲学、道德哲学的新高潮,其中流派众多,包括罗尔斯的自由主义、泰勒和桑德尔等人的社群主义、施特劳斯等人的保守主义等。国外学界对实践哲学的研究存在的问题是,各个流派和思潮之间的理论分歧较大,缺乏统一的理论共识和深刻的思想交流。

中国哲学界对实践哲学的研究始于 1978 年的真理标准大讨论,而更为直接和深刻的推动力则是马克思《1844 年经济学哲学手稿》中文版的问世。在 20 世纪 80 年代初,理论界展开了关于异化和人道主义问题的争论(代表作品有邢贲思的《怎样识别人道主义》、王锐生的《关于人性概念的理解》、薛德震的《再谈人在唯物史观中的地位》),这些争论成为实践哲学争论的前奏。之后,实践哲学的争论从认识论领域蔓延到本体论领域,并引发了对马克思主义哲学理解范式的整体转换。

围绕着实践哲学展开的争论主要表现在以下方面:第一,关于本体论和如何建构马克思主义哲学体系的问题,主要有"实践本体论"和"实践唯物主义"两种表述方式。代表作有高清海和孙利天的《马克思的哲学观变革及其当代意义》,高清海的《马克思对"本体论思维方式"的历史性变革》、《哲学思维方式的历史性转变——论马克思哲学变革的实质》,陈志良和杨耕的《论马克思的实践唯物主义》,王南湜的《走向实践哲学之路》、《进入现代实践哲学的理路》,王南湜与谢永康的《实践概念与马克思主义哲学的创新》、《论实践作为哲学概念的理论意蕴》、《从理论哲学到实践哲学——50多年来中国马克思主义哲学的发展》,郁建兴的《马克思与实践哲学》,乔瑞金和王涛的《多维视域下的实践哲学研究刍议》,衣俊卿的《论实践的多重哲学内涵》、《实践哲学:超越与升华》,李楠明的《马克思实践哲学的历史定位及其现实意义》,张奎良的《马克思的本体论思想及其当代意义》、《马克思哲学历程的深刻启示》,张奎良和宁丽娜的《马克思的新唯物主义哲学新在哪里?》等。他们超越了传统教科书以辩证唯物主义为核心、以物质本体论为主导的哲学理解范式,确立了实践和主体性在马克思主义哲学中的地位,并且对实践的内涵、实践的具体规定加以深层探讨,对实践哲学的种种可能的建构路径加以充分讨论,提供了许多具体的方案,大大地推进了实践哲学的研究,大体达成了马克思主义哲学是实践哲学这一理论研究共识,这奠定了马克思主义哲学创新的理论平台。

第二,关于从实践的各个具体的方向如何重新建构马克思主义的问题,如张曙光、邹诗鹏的生存论,丁立群的人类学实践论,任平的交往实践论,韩震的历史哲学,丁立群、隽鸿飞的发展哲学,衣俊卿的日常生活批判理论和文化哲学构想等。代表作品有:张曙光的《生存哲学》,邹诗鹏的《生存论研究》,丁立群的《论人类学实践哲学——马克思实践哲学的性质》、《哲学・实践与终极关怀》、《发展:在哲学人类学的视野内》,任平的《交往实践和主体际》,韩震的《历史哲学——关于历史性概念的哲学阐释》,隽鸿飞的《发展:人之生存方式的变迁》,衣俊卿的《现代化与日常生活批判》、《文化哲学——理论理性和实践理性文汇处的文化批判》等。他们以回归马克思主义的真精神为宗旨,为重新构建马克思哲学的学科体系提供了许多非常好的理论思路。这些理论思路从实践哲学的共识出发,从不同的角度拓展了实践哲学的思考方向。第三,关于西方哲学意义上的实践哲学研究,主要有何怀宏、龚群等人对罗尔斯和自由主义的研究、对麦金太尔和社群主义的研究,邓晓芒、张志伟、李蜀人、高全喜、李梅等人对德国古典道德哲学、政治哲学和法哲学的研究,刘小枫、陈建洪等人对施特劳斯的政治哲学和保守主义的研究,洪汉鼎、张能为等人对伽达默尔和解释学实践论的研究等。代表著作有:何怀宏的《契约伦理和社会正义》、龚群的《罗尔斯的政治哲学》、邓晓芒的《康德哲学诸问题》、张志伟的《康德的道德世界观》、李蜀人的《道德王国的重建》、高全喜的《论相互承认的法权——〈精神现象学〉研究两篇》、李梅的《权利与正义:康德政治哲学研究》、刘小枫的《现代人及其敌人》、陈建洪的《耶路撒冷抑或雅典:施特劳斯四论》、张能为的《理解的实践——伽达默尔实践哲学研究》等。他们关注西方实践哲学的发展,以现代社会的问题为中心,倡导和推动了实践哲学研究的多元化态势,提升了道德哲学、政治哲学、法哲学的研究水平,这种理论局面深化了对实践概念的理解。

上述理论成就也有各自的不足,还有待于进一步发展。首先,实践哲学范式还缺乏一定的理论共识,理论的开掘还不够深入。上述各家对实践的理解分别属于马克思主义哲学和西方哲学的语境之内,而西方哲学和马克思主义哲学各自的实践概念之间的深层理论联系还没有说清楚,对马克思主义实践哲学的研究没有更深入地思考和消化西方实践哲学的理论思考和理论贡献,对西方伦理学和政治哲学的研究也没有进一步引发对实践概念的深层思考。这就需要打通"马克思主义哲学"和"西方哲学"之间的人为的学术壁垒,寻找把马克思、康德、伽达默尔、哈贝马斯等人的实践概念统一在一起的理论基础,探寻马克思主义哲学和西方政治哲学、道德哲学之间的深层理论联系和理论互动。其次,马克思主义哲学研究界内部的理论分歧使得各家将马克思主义实践哲学的某些理论侧面加以发挥,如生存论、历史哲学、发展哲学等,但这些方向和侧面之间的深层理论关系还需要进一步考察,而不应该仅仅停留在"跑马圈地"和"拉山头树大旗"的阶段。再次,实践哲学更多地停留在理性的层面上,没有充分显示出马克思倡导的贴近具体实践的批判性特征,这种倾向如果继续发展,就会形成凌空蹈虚的抽象化理论建构和新的"经院哲学"。最后,面对20世纪以来人类的文化危机,以及由此产生的普遍的文化自觉现象,中国的实践哲学研究缺乏积极的介入,不能针对这种文化自觉做出自己的深层回应。以衣俊卿为代表的一些理论家提出了回归文化和生活世界的命题,他们对文化和生活世界的研究影响巨大,形成了新的理论思潮,但这种回归主要还是停留在理论层面,有待于深入实践批判领域,进一步厘清实践哲学与文化哲学的理论关联,建构扎根于中国现实和日常生活世界的马克思主义的实践—文化哲学体系。本书不可能解决上述所有问题,但笔者认为,基于文化和实践概念的高度一致性,21世纪哲学回归文化和现实生活世界的潮流,符合了马克思主义的实践批判的根本宗旨,所以,实践哲学需要凸显文化哲学的意蕴,以文化哲学的面目重新出场。

三

文化哲学的研究始于 19 世纪和 20 世纪之交,但是文化问题的起源可以上溯到古希腊哲学。伴随着西方现代化进程的逐步深化和文化危机的加深,文化问题开始成为许多思想家自觉关注的对象,20 世纪的思想文化界逐步形成了普遍的文化自觉,文化哲学研究在世界范围内随之兴起。普泛的文化学和文化人类学的代表有:泰勒的文化进化论,马林诺夫斯基的文化功能主义,本尼迪克特等人的文化相对主义,以斯宾格勒、汤因比、雅斯贝斯等人为代表的文化形态史观等。代表著作有:泰勒的《原始文化——神话、哲学、宗教、语言、艺术和习俗发展之研究》,马林诺夫斯基的《科学的文化理论》、《文化论》,本尼迪克特的《文化模式》,斯宾格勒的《西方的没落》,汤因比的《历史研究》,雅斯贝斯的《历史的起源与目标》等。这些研究推进了文化自觉,对文化哲学的研究有着促进和推动作用,但是这些研究本身并不是文化哲学研究,也并不一定符合马克思主义的精神。

在文化研究的影响下,西方文化哲学从 19 世纪末开始兴起。狄尔泰的生命哲学实现了从康德的理性的批判到文化的批判的哲学转向。以文德尔班和李凯尔特为代表的新康德主义弗赖堡学派,通过价值问题的研究在哲学理论层面上推动了文化哲学的自觉,他们沿着狄尔泰的思路,恢复文化科学的合法性,消除哲学的自然科学化,把文化哲学从思辨理论哲学的理解范式中解放出来,认为哲学的主要表现形式应该是文化哲学。胡塞尔的现象学理论进一步从文化批判角度推进了对文化哲学的思考,提出了生活世界理论,受胡塞尔这种文化哲学思路的启示,海德格尔、伽达默尔等人也对生活世界理论进行了深入论述,他们的研究从理论层面和实践层面上推动了作为哲学理解范式的文化哲学向生活世界的回归。除此以外,还有列维－施特劳斯的结构主义,舍勒、兰德曼等人的哲学人类学,以福柯、德里达等人为代表的后现代主义的文化批判思潮等。这些对文化哲学的思考使得文化哲学成为一种引人注目、影响巨大的理论进路,但是其理论局限在于:对人类实践的文化结构的探讨缺乏一种深层的理论共识,学派之间存在较大分歧,缺乏统一的理论基础。

　　受西方文化哲学的影响,西方马克思主义的文化批判使得马克思主义的传统焕发了新的面貌。尤其是以卢卡奇、柯尔施、葛兰西对物化意识和资产阶级文化领导权的批判,法兰克福学派对启蒙理性、大众文化、心理机制、性格结构的批判,列斐伏尔和赫勒等人对日常生活的批判,这些思想推动了对文化哲学的思考,使实践哲学和文化哲学之间的理论联系得以凸显,马克思主义批判的重点从革命实践转为文化批判。虽然西方马克思主义对人类文化的具体运作机制的探讨已经比较深入,尤其是对发达资本主义国家的文化模式进行了非常深刻的批判,但是,他们对实践和文化之间的理论关联还有待于进一步分析,而且,西方马克思主义的文化批判仅仅是面对西方发达资本主义社会,对中国面临的文化困境和文化危机还缺乏针对性的探讨。

　　20世纪西方的文化学、文化哲学和文化批判思潮对中国文化哲学的兴起和自觉产生了重大影响。20世纪初的新文化运动开始了中国学术界对西方文化的大规模介绍,梁漱溟的《东西文化及其哲学》一书受到了西方唯意志主义和生命哲学的深刻影响,提出了以"意欲"为基础的文化观,并基于这种立场对中国文化、西方文化和印度文化做出了比较和评价,提出了"文化是生活的样法"这一定义,此定义在今天依然具有合理性。接下来建构文化哲学体系的代表人物就是朱谦之,他在 1935 年出版了《文化哲学》一书,该书从文化的概念、文化的进化、文化类型学、文化的分期、宗教的文化概念、哲学的文化概念、科学的文化概念、艺术的文化概念、文化的地理分布、文化与文明等方面对文化哲学进行了理论界定和全方位描述。朱谦之基本同意梁漱溟的文化概念,他引证和评述了康德、费希特、黑格尔、狄尔泰、文德尔班、韦伯、舍勒、斯宾格勒等人的文化哲学思想,其学术视野之宽广,几乎不输于当代学者。例如,他批评了新康德主义文化哲学的超验倾向,主张文化哲学应该完全依据在生活经验之上,这一思想也具有贴近生活世界的现实意义。在朱谦之之后,文化哲学体系的建构成果并不明显。由于历史原因,马克思主义研究的文化视野在长期内没有得到充分重视。

20 世纪 80、90 年代以来,"文化热"的出现和西方文化思想成果的重新引进,使得文化哲学研究一直是中国哲学界研究的热点之一。近年来,文化哲学研究大致包括以下几个方面的内容:一是关于文化哲学和人类精神的演进与走向。这主要是从人类文化精神的总体进程方面进行思考,研究文化哲学兴起的根源和文化转型的关系,以及文化哲学和人类精神演进的内在理论关联。代表性成果有:洪晓楠的《20 世纪西方文化哲学的演变》,邹广文的《20世纪西方文化哲学的基本走向》,李鹏程的《文化哲学在新世纪的学术使命》，衣俊卿的《文化哲学：一种新的哲学范式》等。二是关于中国文化哲学精神的重建和中国文化的转型。这主要是从文化转型的内涵、途径、意义等方面展开思考的，包括对传统文化模式的态度问题、什么是未来的主导性文化精神问题、新文化的具体内涵问题、科学理性和人文精神的整合问题。代表性成果有：邹诗鹏的《文化哲学的现代性立场》，何中华的《文化哲学中的悖论刍议》，衣俊卿的《论文化转型的机制和途径》、《中国文化的转型与日常生活的批判重建——百年现代化的深层思考》等，他们基本同意启蒙和现代性是中国文化转型的核心价值。他们把关于人和世界的形而上的理性反思和实证的文化批判内在地结合起来，张扬批判理性和超越意识，在强调主体自我启蒙和自我教化的基础上，以日常批判为基本理论范式，开展关于中国传统文化模式的文化批判，以及关于中国社会转型期文化重建的研究。三是关于文化哲学本身的总体把握与体系建构，包括文化哲学的重新定位问题，文化哲学的研究对象与主题、结构层次、理论形态等问题。代表性成果有：衣俊卿的《论文化哲学的理论定位》、《文化哲学的主题及中国文化哲学的定位》，丁立群的《文化哲学何以存在》、《文化哲学：一种新的综合》等。衣俊卿把文化哲学界定为一种新的哲学范式，一种真正回归生活世界，作为人类社会内在的批判性的文化精神和自我意识的哲学范式，主张以文化模式、文化危机和文化转型为核心范畴，建立起具有文化进步主义特征的独特的文化哲学理解范式和历史解释模式。丁立群认为文化哲学分为三个层面：哲学的文化价值学研究、文化形而上学研究、文化批判。上述各个方面的研究成果体现了中国学者越来越明确地走向文化自觉，他们自觉地站在马克思主义文化哲学的立场上推进20世纪马克思主义和西方哲学的文化思考与文化批判。此外,非马克思主义流派的文化哲学研究也为文化哲学的深化提供了理论资源,例如,以蒋庆、陈明、康晓光、盛洪等人为代表的新儒学文化研究(代表作品有蒋庆的《政治儒学——当代儒学的转向、特质与发展》)就是其中比较有影响的研究,至今他们在国内依然有着自己的影响力,并和马克思主义文化哲学进行了交流。

20世纪80年代以后,中国文化哲学的体系建构取得了较为丰富的成果,笔者择要加以分析。

韩民青的《文化论》出版于1989年,该书包含以下主要内容:第一是文化的特性(创造性、自由性、群体性、开放性、时空性),第二是本能文化与自由文化,第三是意识文化、行为文化与物质文化,第四是文化的生产与交往,第五是文化性与动物性,第六是文化、个人与社会,第七是文化进化论(文化的起源、文化发展的机制、文化发展的历史、文化的前景)。这个体系比朱谦之的体系要细致一些,作者从马克思主义出发,在本能与自由、生产与交往、个人与社会等方面的论述已经有一定的深度,但是其不足之处是比较倾向于文化进化论,对后者的理论局限分析不够,对实践哲学基本没有论述。

许苏民的《文化哲学》出版于1990年,这本书对之后的文化哲学研究影响很大。全书的主要内容有:文化哲学的源与流、西方文化哲学和马克思主义文化哲学;文化发生论,包括人的类本质的形成与体现、文化发生的精神现象学机制、地理环境与文化发生;文化结构论,包括文化心理的表层结构、中层结构和深层结构,民族文化心理的深层结构,主流文化与亚文化,文化的民族性与时代性,文化离析与文化整合;文化发展论,包括文化的变异与传承、民族文化心理结构的历史发展、文化心理的凝结沉淀与氤氲化生、文化发展的一般规律与特殊规律、文化的历史尺度与道德尺度;文化动力论,包括文化创造、冲破隔离、文化交流、文化反省与文化自觉。这个体系的特点是内容比较全面,深入中国文化的内在机制和结构之中来展开论述,不仅仅有静态的理论层面分析,而且有动态的历史描述,涵盖了人类社会的主要文化现象,堪称一部典范性作品。此后一些同类著作不同程度地受该书框架的影响,例如杨启光的《文化哲学导论》,笔者兹不赘述。该书存在的主要问题是对马克思本人文化思想的分析还不够深入,对实践哲学通向文化哲学的理论联系论述较少。

另外一部代表性的著作是邹广文的《文化哲学的当代视野》。该书出版于 1994 年,共分为八个部分,分别是:文化哲学的理论源流、"文化哲学"的哲学定位、马克思的文化意识述要、文化哲学的当代追求、当代社会发展的文化选择、现代人对自然的文化意识、审美文化与审美人生、文化自觉与人的全面发展等。该书在分析马克思思想中的文化内涵方面显示出了深厚的理论功底,对现代化和世界历史思想的关注、人化自然思想的意义的开掘、全面发展理论的探究等方面,都表明作者对马克思思想的掌握和对现代化问题的关注,这是一部出色的作品,代表了 20 世纪 90 年代前期的文化哲学研究水准。邹广文在其后出版的《人类文化的流变与整合》一书延续了他前一本书的理论思考,把视角聚焦在文化流变与文化整合问题上,对前一本书的理论结构做了必要的补充。他的文化哲学研究注意到了马克思的实践哲学与文化哲学的理论关联,以及日常生活世界的价值问题,但是分析略显单薄。

同一时期文化哲学研究的重要成果还有李鹏程的《当代文化哲学沉思》。该书分为六章,主要内容为:文化的存在、文化意识的历时形态、文化的实在性、文化价值、文化时间、文化空间等。该书对文化意识的历时形态、文化实在性、文化价值的具体分析等都颇有新意,但其主要思想不是建构在实践哲学基础上,而基本是从普泛的文化学思考中得出的。

刘进田的《文化哲学导论》出版于 1999 年,主要内容有:文化哲学的兴起、文化哲学何以可能、中西文化哲学研究及其理论得失、文化本体探寻、文化基本矛盾与文化哲学基本问题、作为结构存在的文化、文化主导观念与文化类型、文化的历久与更新:文化变迁、人文化成:文化作用、现代中国文化构想等。该书把实践作为文化的基础,认为自由是文化的灵魂,符号是文化的存在方式,这些明显受到了卡西尔的符号文化学思想的影响。作者认为文化哲学的基本矛盾是文化精神层面和现实层面的矛盾(作者分别称为"文化虚灵心境世界"和"文化现实物境世界"),实质上是抓住了经验与超验、理想与现实这两个维度的永恒张力来理解人类文化现象,这和马克思实践观的理想维度和现实维度是契合的。作者对实践和文化的分析比较深入,对文化各个要素的描述也比较细致,他把文化的本质归结为人的本质,抓住了马克思主义人学的核心。作者对实践和文化相关性的分析是很有分量和见地的,但对日常生活结构的分析和批判不是很充分。

何萍的《马克思主义哲学与文化哲学》出版于 2002 年,是新世纪文化哲学的一部力作。该书并非以严密的逻辑体系出现,但是对文化哲学的探索有所深入。作者对文化哲学与传统西方理性主义哲学的关系、文化哲学与历史哲学的关系、文化哲学的问题与视野、文化与哲学认识论、文化与人的信念,乃至中国知识分子问题、女性主义问题都进行了颇有深度的分析,进一步拓展了文化哲学的理论视野。作者认为,文化哲学的主题就是反思现代化,文化哲学首先是对近代理性主义哲学的批判。文化哲学的本体论提问方式是由维科首先提出来的,而维科与马克思的文化哲学又有着密切的联系。作者对马克思的实践唯物论和维科的诗性智慧论加以比较,这一理论线索是中国学界所没有发现的。她把文化哲学看作历史哲学发展的一个结果,这一思路和上述其他人的思路有一定差别。在实践哲学和文化哲学的关系上,她认为文化和辩证法相结合,才是真正马克思意义上的实践,辩证法正是马克思主义的实践原则。这一思路非常独特,但是缺少对日常生活的分析和对20世纪西方文化哲学的深度分析。

衣俊卿是文化哲学研究的一位重要的代表人物。他的《文化哲学——理论理性和实践理性交汇处的文化批判》一书出版于2001年,但是他的文化哲学思考可以上溯到20世纪90年代的《现代化与日常生活批判》一书。他是从西方马克思主义的一个重要流派——南斯拉夫实践派入手进入马克思主义实践哲学研究的,在参与实践唯物主义和实践本体论讨论之后,他进入日常生活批判领域,成为该领域在中国的开创者。他从生存方式的角度来解释文化,把文化的核心确定为日常生活领域。他在这两部著作中建立的理论体系是从文化概念入手,对文化现象进行总结,以文化模式的危机、转型、批判、重建为主要线索,以现代性的主体精神为核心理念,以日常生活世界的批判为落脚点。这个思路比较全面地总结了西方哲学演变的历程,以回归文化和生活世界为重要理论特征。笔者借鉴了衣俊卿的主要思路,试图在他的工作基础上,理解实践哲学和文化哲学的理论关联,并对相关问题做出自己的解释。

总的说来,当前中国文化哲学研究虽然取得了丰厚的成果,但是仍然有一些不足之处,存在的主要问题有:第一,文化概念模糊杂多,民族学、文化学、文化人类学意义上的文化概念和哲学意义上的文化概念没有明显的区分,从而使得文化哲学的范围和研究理路不是很清楚。文化哲学的总体定位与归类尚存在较大分歧,将文化哲学定位于部门哲学,而不是哲学范式的思路还占据着一些学者的思维。第二,目前的文化哲学研究,对文化哲学和马克思主义哲学之间的内在理论关联的探讨还有不清楚的地方,尤其是没有说清楚文化哲学和实践哲学的深层理论关联,有些研究虽然属于文化哲学的研究,但由于没有揭示这种哲学和马克思主义的内在精神的关系,所以还不能被称为马克思主义文化哲学,或者说,这种文化哲学还仅仅是外在于马克思主义精神的。第三,文化哲学和实践哲学的文化批判和文化建构功能还需要进一步发挥;作为一种哲学范式或哲学思考方式的文化哲学没有积极地、深入地介入部门哲学和具体学科的研究之中,尤其是没有对现实形成独特而深入的批判思路。文化哲学试图证明自己是马克思主义哲学的内在成分,但是由于它并不像发展理论、交往理论那样具有相对具体明确的论域和相对独特的思维路径,所以在众人心目中,它还是一种外在于实践哲学内核的理论构造。而文化哲学要想形成具体明确的论域和独特的思维路径，必须深入批判现实的人类生存方式和日常生活模式，为日常生活世界的重建提供理论思路和理论指引，只有这样才能发挥马克思主义实践哲学的精神，最终使得文化哲学真正成为"马克思主义的"文化哲学，成为实践哲学精神的充分体现。第四，国内各个文化哲学流派，包括新儒家、自由主义和马克思主义的文化哲学之间的对话和交流并不充分，缺乏实质意义上的对话。这表明对文化整合的探讨尚缺乏。如果文化哲学不能完成这个任务，不能面对各个非马克思主义流派发出的独特的声音，不能回应上述流派对马克思主义提出的挑战，也就不能证明自己是马克思主义实践哲学的一种当代形态，同样也不能回答"中国现代化的主导精神为什么是马克思主义，而不是别的什么主义"的问题。因此笔者认为，为了证明文化哲学不是可有可无的理论构造或理论游戏，而是马克思主义实践哲学的内在要求，就必须回答上述问题。本书就是为回答这些问题而做一点理论上的准备工作。

四

从以上分析可以看出，中国当代的马克思主义实践哲学研究和文化哲学研究存在一些基本的理论问题而急需解决，如它们的内涵界定、理论定位、研究对象、基本立场、具体思路、现实意义等。这些问题得不到及时解决，将严重阻碍实践哲学和文化哲学的发展。这是笔者写作本书的重要原因。笔者虽然不能解决上述的所有问题，但是能对文化哲学的一些深层的理论问题进行自己的思考。笔者认为要推动文化哲学的研究就应该实现几个转变：一是由具体的文化研究提升为文化哲学反思，从文化人类学（民族学、文化学等）研究转向真正的文化的哲学研究；二是由局部研究转向总体反思，从作为哲学的分支（部门哲学）转向作为哲学的范式来研究文化哲学；三是由实践范畴转向文化范畴，凸显实践哲学研究的文化哲学意义，或者从实践哲学走向文化哲学；四是由理论研究转向人文关怀，从静态的关于人的理论转向动态的人的文化实践，包括对人的日常生活世界和文化模式的观照、反思和批判，从理论观念反思到现实文化批判和文化启蒙。

　　笔者认为文化哲学是实践哲学的一种当代形态或出场方式。实践是人的类本质，是自由自觉的对象化活动，是人的根本存在方式，而文化是人历史地凝结成的稳定的生存模式，文化本身是实践的一个核心层面，历史的生成过程本身就是文化的生成过程。因此文化和实践二者在本质上具有一致性。从当代人的生存状况和文化处境上来看，文化哲学更加贴近人的具体的、历史的生存方式，更加贴近人的日常生活世界，更加贴近人的交往方式，文化哲学的研究可以促进现实的文化批判、促进交往的合理化和人道化、促进现代文化的转型和生活世界的重建。马克思主义哲学的基本形态是实践哲学，是一种哲学理解范式和历史解释模式，本身具有深刻的文化内涵，马克思主义哲学的当代形态可以是文化哲学。立足于马克思主义实践哲学基础上的文化哲学，是实践哲学内涵的丰富和发展，是实践哲学在当代的具体化。在当代中国的马克思主义哲学研究图景中，我们应当凸显文化哲学的特殊地位和意义,从实践哲学研究进入文化哲学的深层研究。

针对以上基本观点,笔者分四个部分展开了论述。在第一章
《实践哲学的文化阐释》中,笔者从分析论述西方实践哲学的发展
脉络入手,梳理和概括了马克思实践哲学的兴起及其背景、实践范
畴的文化内涵和马克思实践哲学的理论宗旨,揭示了马克思实践
哲学的理论内涵和文化底蕴。马克思认为,实践是人的本质活动
和存在方式,实践是现实感性世界存在的根基,他克服了传统实践
哲学的弱点,建立了回归人类感性生存和物质活动的新实践哲学。
马克思实践哲学以人的自由自觉的活动为基础,以人的全面发展
和自由解放为目的,把革命的、批判的实践确定为哲学的立足点,
建立以实践为基础的自然观,即人化自然观,并把实践看作解答历
史之谜的钥匙。实践哲学实现了自然与文化、对象化与自我确证、
存在和本质、个体和人类的统一。这些理论思考中包含了对人类
文化的深刻理解,具有文化哲学的内涵。

马克思主义的实践观具有深厚的文化意义,表现了文化哲学
的内涵。马克思把实践最终确定为改变现存世界的革命批判活
动,在对具体生活世界进行批判的基础上,体现了对人类命运的终
极关怀,他揭示了人类历史的演化机制,同样也揭示了人类文化的
演化机制。通过对这些问题的分析,可以看出马克思实践哲学不
仅仅体现了文化关怀,而且体现了分析问题的一种文化视角,为20
世纪文化哲学的建构奠定了理论基础。

在第二章《20世纪文化哲学的兴起》中,笔者认为,20世纪文
化哲学的兴起是西方哲学思想史上的重要事件。它回应了古典实
践观在当代复归的要求,试图解决技术理性膨胀所导致的人类生

存危机,重建人类生存的意义,解决科学精神和人文精神的分裂。它反映了文化转型的内在要求。20世纪文化学、人类学、社会学的研究也从另一个方面推动了人类的文化自觉,最终促进了文化哲学的发展。而这一时期马克思主义阵营内部也出现了理论的转型,西方马克思主义的出现,使得马克思主义哲学的核心从政治经济批判变为文化批判。

笔者结合西方文化哲学思潮的勃兴和西方马克思主义的文化转向,阐述了20世纪文化哲学的理论特点。回归生活世界是文化哲学的价值取向,对意识形态和文化层面所进行的理论批判和文化批判是文化哲学的基本特征,人的意义与价值的凸显,尤其是个体生存的意义和价值的凸显是文化哲学的理性追求。这不仅仅是马克思主义文化哲学的特色,而且是西方文化哲学的特色。马克思主义文化哲学应该建立在马克思主义实践哲学和西方文化哲学思考之上。

在第三章《文化哲学:实践哲学的新形态》中,笔者认为,马克思主义文化哲学是马克思主义实践哲学在当代的一种新形态。马克思实践哲学包含了文化与自由、文化与自然、文化与历史等多方面的丰富内涵。笔者从此入手总结了马克思实践哲学的文化哲学意蕴:文化的本质和核心是人的自由活动,文化的结果是自然的人化,以及人与自然的分离和重新统一。文化是历史的存在。笔者认为,当代马克思主义文化哲学的建构,必须吸收西方马克思主义文化哲学的研讨成果,以及和西方马克思主义相关的解释学实践论的文化哲学探讨成果,注意实践的生存论转向,并将交往合理性的问题纳入文化哲学的视野中,注重文化和生活世界的合理化。

　　笔者总结了马克思主义文化哲学建构的若干原则:首先,文化哲学的理念,包含了文化的现代性精神,文化的合理性和合理化,文化模式、文化转型和文化整合,日常生活批判,追求和谐世界的理想等。其次,文化哲学的视域,包含了历时态与共时态、宏观与微观、共性与个性、生活世界与传统实践领域等多重尺度。文化哲学的创新之处体现在关注人生存的微观维度、日常生活意义结构的探索、文化转型和文化变迁的研究等三个方面。文化哲学代表了当代的一种重要的研究范式,是马克思主义实践哲学的重要的表现形态。

　　笔者在第四章《文化哲学的现代意义》中,从内在于世界历史的文化转型、日常生活世界的文化失范及其根源、教育的误区三个方面分析了中国在全球化背景下的文化景观和问题。笔者把中国文化重建的主题和理论宗旨归纳为五个方面:中国当代文化精神重建的原则、自觉的文化启蒙、当代中国的文化整合、全球化时代的交往与对话、教育改革的任务。笔者认为,马克思主义文化哲学的现代意义是和中国当代的文化景观紧密联系在一起的。中国文化面临着现代化的转型和日常生活的重建,而中国当代文化的失范和教育的误区是亟待解决的问题。中国当代文化重建应该以人的现代化为主导精神和核心价值,在综合马克思主义、中国传统文化和西方文化的基础上,进行主体精神的自我反思和自我完善,实现教育的变革,在此基础上完成文化启蒙和文化整合,实现文化之间的平等交往和对话。马克思主义文化哲学代表了人类实践永无休止的创造和自身反思能力。

　　厘清文化哲学和实践哲学的理论关系,吸收国内外学者对二者关系的研究成果,是一项非常艰巨的任务。笔者在这里所做的工作仅仅是一种尝试,虽然没有建立起完整的文化哲学体系,也没有解决前面提到的所有问题,但是笔者试图为这些问题的解决做出自己的思考。文化哲学的理论研究,代表着马克思主义在新时代的一种发展路径。对人的生存境遇和生活世界的探讨并没有结束,而是刚刚开始,这种探讨必将有助于人类实践的深入探索和中国文化的转型。笔者相信:面对未来、面对人类精神领域的诸多问题,文化哲学必定是大有可为的。

第一章　实践哲学的文化阐释

实践哲学发端于古代哲人在生活世界中对生活实践的关注与反思,哲学意义上的实践思想是人类社会生活实践的一种观念表达和哲学提升。人类社会实践的现实存在和历史发展为哲学意义上的实践思想提供了客观的对象,也提供了现实的基础。马克思主义文化哲学是马克思主义实践哲学的一种出场方式,通过哲人对实践的探索,我们同时体会到他们对文化的深层思考。马克思主义实践哲学的文化内涵只有得到彰显,才能帮助我们回归实践的深层意蕴。

第一节　西方实践哲学的理论演进

西方哲学史上纷繁复杂、绚丽多彩的哲学思想体现了人类实践和文化精神的演进。纵观哲学的发展历程,我们就可以发现和把握其内在机理与演化机制。我们可以从多个层面考察西方哲学理性的变迁,从而发现哲学范式转换的轨迹。

什么是哲学范式?衣俊卿的观点具有代表性,他认为,"哲学范式不是指某种具体的哲学分析方法,而是指哲学的总体性的活动方式,涉及到哲学理性活动的各个基本方面,是指哲学理性分析、反思和批判活动的最基本的方式和路数"①。从哲学范式的角度进行分类,我们可以把自哲学产生以来的全部西方哲学分为理论哲学与实践哲学两大类别。理论哲学是一种追求普遍性知识的、思辨理论的哲学范式,认为理性的理论思维高于实践活动,理性思维对实践具有独立的自主性;实践哲学是一种关注生命的价值和意义的哲学范式,认为理论活动是有限的,是立足和从属于实践的,实践理性高于理论理性。实践哲学从时间的维度来看可分为传统实践哲学(包括古代实践哲学、近代实践哲学)和现代实践哲学。

了解西方文化精神和哲学范式的变迁,有助于我们把握实践哲学发展的脉络和线索。整个西方思想文化发展的历史,都贯穿着科学精神和人文精神的分裂与统一这一线索,而科学精神和人文精神是实践精神的两大分支或表现,我们必须在实践哲学的演进历程中才能看清科学精神和人文精神的发展脉络。实践哲学范式的演变,反映了文化精神的变迁,所以,从文化角度探索实践哲学,厘清实践与文化的理论关系实有必要。

实践哲学萌芽于古希腊,曲折发展于中世纪,彰显于近现代。作为一般哲学范畴的实践概念,自古希腊就具有极其丰富的内涵,而作为哲学范式的实践哲学的真正创立是从马克思开始的。马克思开创的现代实践哲学掀起了哲学领域乃至整个人类思想文化领

---

① 衣俊卿:《马克思主义哲学演化的内在机制研究》,载《哲学研究》2005 年第 8 期。

域一场深刻的革命。

哲学在古希腊初次出现时是以追求智慧和宇宙本体为宗旨的自然哲学和形而上学本体论,这种理论哲学是古希腊的主导性哲学范式。追求普遍性知识的、思辨的理论哲学范式的出现与古希腊人理性思维的特别发达密切相关。古希腊的最高人文理念是自由,在古希腊人看来,只有通过对哲学的学习才能进入自由的境界。

在古希腊自然哲学中,哲学家大多从不同角度以不同的实体为出发点去探索世界的本原。泰勒斯的"水",毕达哥拉斯的"数"、赫拉克利特的"逻各斯"体现了一种崭新的理性精神,用理性的法则去认识世界、解释自然,把宇宙的一切看成是统一的可知的合乎规律的整体。巴门尼德的"是/存在"开创了本体论的思维方式。阿那克萨哥拉则赋予努斯以"心灵"、"灵魂"、"理智"、"力"等含义,并将其视为从外面推动和安排世界万物的精神性本原,"努斯"代表了人类主观世界的理性精神,这里的理性精神就是指普遍性、必然性和规律性。随后苏格拉底提出了"是什么"这种下定义和追寻共相的哲学提问方式。柏拉图把"共相"思想确定为"理念",并认为它是世界的本原、最高的真理、道德的至善,是真善美的统一。柏拉图将具有普遍必然性的一般共相作为世界本体,这就为以研究各特殊领域的共性规律的科学奠定了基础、提供了依据,为西方科学知识的发展开辟了道路。在此思想的影响下,亚里士多德认为哲学是各门科学的根源、基础和指导,是关于终究至极的"第一因"的最普遍、最本质的学问。求知爱智的古希腊哲人已为西方近代理性哲学、现代科学主义哲学的发展指明了方向,提供了准则。他们在对宇宙本体的探究中展现了一种渴求智慧真理、推崇理性知识的科学精神。这种理性精神是古希腊文化精神的一个主要方面。

既然古希腊哲学家都把宇宙本体的探究和智慧真理的追求,作为自己的主要哲学使命,那么思辨的理论哲学就成为古希腊哲学的总体性的活动方式之一。而古希腊的另一种哲学范式——实践哲学,暂时没有成为哲学关注的中心。实践哲学范式主要是由智者学派和苏格拉底开辟的。苏格拉底是西方第一个自觉探讨人学问题的哲学家,他认为哲学的重要任务不是研究自然、研究实体,而是"认识你自己"。他认为哲学不仅要关注宇宙的本原,还要关注"灵魂和道德的改善",关注人自身的生命的意义和价值,认为要关注灵魂的最大程度的改善,求得灵魂中最高的善。这表明苏格拉底把哲学的中心从宇宙本原的探究转移到实践哲学上来。柏拉图在苏格拉底思想的基础上,提出了人的灵魂结构说,他把灵魂分为三个部分:理性至上,意志次之,情欲最低①,三者必须和谐相处,理性统率意志和情欲。这种思想表明了古希腊哲学家自觉地深入探索伦理实践问题,为亚里士多德构建实践哲学体系奠定了坚实基础。

亚里士多德可以被称为西方实践哲学体系的真正创始人(从严格意义上讲,亚里士多德的实践哲学不是哲学范式意义上的实践哲学),这是因为在亚里士多德之前,"实践"只是一个没有从日

---

① [古希腊]柏拉图:《理想国》,郭斌和、张竹明译,商务印书馆1986年版,第162~166页。

常生活中提升出来的常识性概念,尚没有进入西方思想的反思领域。亚里士多德第一次用实践概念来分析和反思人类行为,形成了较为系统的实践理论,从而使之成为一个哲学范畴。亚里士多德关于实践的具有开创性和包容性的诸多阐述,奠定了西方实践哲学的基础。亚里士多德把一切学科分为理论的、实践的和创制的。① 他又区分了灵魂的五种理性能力:技艺(创制)、知识、实践智慧、智慧和努斯,他把"实践智慧"和"创制"活动分开,开创了实践的二分法,前者指伦理、政治、经济实践(为了行文方便,在不对政治、经济进行具体论述的情况下,笔者将三者统称为道德或者道德实践),后者指技术活动。他认为实践智慧高于创制活动,这已经预示了近代道德和技术的分离。亚里士多德的实践哲学对后世有着深远的影响,从某种意义上说,整个西方哲学史乃至现代西方哲学中的实践思想都根源于亚里士多德的实践哲学,是对其实践哲学不同方面的阐释和发展;在现实中,亚里士多德的实践哲学也以观念的形式支配着西方社会人们的实践活动。亚里士多德在这里为实践赋予了一种终极关怀,在他看来,实践就是一种关于完满的终极的"善"的实现活动,它不同于以功利为目的的创制和生产活动。因此,从实践哲学产生的源头来看,实践的本义应包含一种超验之维、一种终极关怀。这种终极关怀不仅是世界的根本目的,也是人际关系以及人自身的终极和谐状态。

古希腊的实践哲学思想对我们提高对现代实践哲学的理解具有重要的启发意义:实践哲学在本质上是人的生活世界的理论表

---

① [古希腊]亚里士多德:《形而上学》,吴寿彭译,商务印书馆1959年版。

现,是对生活实践的思考与自觉,其目标是对善的追寻,所以,实践哲学是生活世界的哲学,是智慧之学、价值之学、道德之学。

古希腊哲学体现了西方文化的基本精神——科学精神与宗教精神,理性化的古希腊哲学在其逻辑进程中蕴含了宗教神学因素,道德至善与对神的信仰相结合,而逐渐地走向了基督教神学。中世纪的实践哲学作为神学的一个重要部分得以发展。神学家认为,道德和政治的善最终来自上帝,正是对上帝的信仰保证了人性的善和政治的善。奥古斯丁的《上帝之城:驳异教徒》(上)区分了上帝之城和世俗之城,前者指信仰中的神圣生活,后者指世俗的实践生活,后者的善是转瞬即逝的、相对的、不稳定的。① 他的思想代表了基督教实践哲学的一个重要方面,随着人类理性力量的增长,在宗教改革之后,世俗生活越来越受到重视,实践哲学的发展进入了近代。

近代哲学的革命就在于它实现了从实体性哲学向主体性哲学的转变,主体概念的各个方面在近代哲学中都得到了比较充分的展开,在这个时候认识论成为哲学的基本主题。随着近代自然科学特别是实验科学的发展,那种追求理性逻辑、绝对真理、普遍规律的形而上学和认识论的哲学范式进一步同现代自然科学的理论范式统一起来,几乎占据了人类精神世界的全部领域,几乎完全否认了关于人类生活意义和价值问题的历史哲学和实践哲学的特殊性与独特地位。

---

① [古罗马]奥古斯丁:《上帝之城:驳异教徒》(上),吴飞译,上海三联书店2007年版。

人类以自由和自主的诉求拉开了近代的序幕,而驱动自由和自主诉求的则是迅速膨胀的意志。人类逐渐认为自己没有做不到的事,只要能认识到,就一定能控制和把握,培根的"知识就是力量"的箴言正是出于这种心理,人类遂将自己的主要精神力量用于对知识(认识)的追求上,而这种认识的对象主要不再是人自己,而是自然界,对人的认识简化为对人的认识能力的认识。这就有了近代西方哲学的所谓"认识论转折"(主体哲学或认识论哲学)。哲学的认识论转向,使"主体性"凸显出来,主体性包含了人的社会性、历史性、语言性和文化性等,对主体性高扬的同时,也使人的地位得到了提升。这样,亚里士多德基于人的政治本性提出的"实践"概念,到了康德那里得到了发展并给予了形而上学的证明,其核心是证明自由意志(理性)的自主与自觉及其客观有效性。

实践哲学关心的是人类正确生活的方式和目的。正是在对自己生活方式和目的的选择上,人类的理性与自由得到了真正的体现。然而,随着科学技术的发展,近代西方思想倾向于用科学技术来解决实践问题,这实际上是用"生产"和"技术"偷换了原来的"实践"概念,在近代发展为一种认识论的实践观。他们把工匠的各种手艺同对自然的认识和实验一起列入实践的内涵,从而乐观地把实践作为人类征服自然的重要手段——这种实践观极大地推动了自然科学和技术的发展,但同时也导致了一种浅近的功利主义。所以,认识论的实践观也是一种经验(功利)主义的实践观。与此相反,亚里士多德道德的自由的实践观则为康德、费希特等人所继承并发展为一种本体论的实践观。康德在《判断力批判》一书中曾指出当时人们对实践的一种误用,即混淆了"按照自然概念的实践"和"按照自由概念的实践",实际上二者是有着根本区别的。如果规定这原因性的概念是一个自然概念,那么这些原则就是"技术上实践的",但如果它是一个自由的概念,那么这些原则就是"道德上实践的"。① 康德把前者归入理论哲学研究的范畴,把后者归入实践哲学的范畴,这一区分回归了亚里士多德的传统。康德把道德实践建立在人的意志自由的基础上,标志着人的道德实践终于从宗教信仰之下独立出来,并且通过对上帝的道德论证,他把宗教信仰的根源也归于人类实践理性的要求。② 康德经过理性的思辨论证,将亚里士多德的"非形而上学"的实践哲学变为"形而上学"的实践哲学,亦即"道德的形而上学"。

技术实践观和道德实践观的分裂是导致西方现代化过程中出现人与自然、人与社会种种危机的根源。在这两种实践观念中,由于近代处在以自然科学为主的文化背景之中,技术的实践观处于实践生活的主流地位,它对道德的实践观具有一种同化作用:取消了后者原本蕴含的伦理的和审美的内涵,取消了其内涵的终极关怀和超验维度,进而把它对自然的超越趋向同化于自己的功利主义的占有欲望之中。由此导致了"技术合理性"和"价值合理性"的分离、"理论"和(技术的)"实践"的分离、"实践智慧"和"创制知识"的分离,最终导致了科学精神和人文精神的分离。

现代化的初始特征就是世俗化、物质主义。一些实在论者和具有功利主义倾向的哲学家,一方面把功利性活动看作是自足的

---

① [德]康德:《判断力批判》,邓晓芒译,人民出版社 2002 年版,第 6 页。
② [德]康德:《实践理性批判》,韩水法译,商务印书馆 1999 年版。

"实践",另一方面把理论看作是与"实践"完全分离的、不切实际的非生产的活动——这种理论活动对于日常生活中的人们来说,日益成为一种异己的存在。这实际上导致了理论和实践的分离,从而进一步导致了对实践的庸俗化理解,与理论分离的实践自然变成了"卑污的犹太人的活动",从而和日常生活同化。正是由于实践被简单地等同于功利性的日常意识和日常活动,因此曾引起哲学家们对实践的反感,德国哲学家费尔巴哈就曾把实践等同于犹太人卑污的赢利活动,以至于他坚决要同唯物主义划清界限。① 近代哲学家把人在不同领域的各种活动彼此对立起来,割裂了实践的总体性,也消解了人的完整性。实际上,无论是功利性活动、生产性活动还是自由的实现"善"的活动,都是人类的本质活动和存在方式。实践的庸俗化消解了实践的终极关怀和超验维度。实践作为人的本质的存在方式,具有总体性,其中既包括人类本能的、功利的活动,也包括伦理的和审美的乃至于终极关怀。

让我们再回头来看康德,他对人类文化进行了精彩而深刻的说明,揭示了实践哲学和文化哲学的内在理论联系。他这样说道:"一个有理性的存在者一般地(因而以其自由)对随便什么目的的这种适应性的产生过程,就是文化。所以只有文化才可以是我们有理由考虑到人类而归之于自然的最后目的(而不是他所特有的在地上的幸福,也根本不只是在外在于他的无理性的自然中建立秩序与一致性的最重要的工具)。"②在他看来,文化概念产生于目

---

① 《马克思恩格斯选集》(第4卷),人民出版社1995年版,第231~233页。

② [德]康德:《判断力批判》,邓晓芒译,人民出版社2002年版,第287页。

的性,文化之所以是文化,正因为它脱离了动物的盲目性,而表现出一种目的性行为,这恰恰是(广义)人类实践的特色。而劳动仅仅是"熟巧",是低层次的欲望满足,在实践中属于最基本的,无法脱离现象界的因果律。只有在高层次的实践部门,比如艺术,比如科学,比如道德,才提供更为高尚和终极的目的,"只有在人之中,但也是在这个仅仅作为道德主体的人之中,才能找到在目的上无条件的立法,因而只有这种立法才使人有能力成为终极目的,全部自然都是在目的论上从属于这个终极目的的"①。这样,康德构建了一个从低到高的文化实践序列,把道德主体的实践作为通向人类终极目的的必经之路。他用目的论来打通实践哲学和文化哲学,一方面复归亚里士多德对美德、实践智慧的追求,一方面开启和预示了马克思主义的新的实践——文化哲学方向,也就是在逻辑上连接了劳动主体、道德主体和人类解放。

在康德之后,内在于精神哲学、思辨哲学中的实践哲学思路得到了持续发展。康德把人类的知识限制在现象界,表面看来这是不可知论,但是这个思路已经使"道德的实践"从"技术的实践"藩篱中解放出来了,为实践哲学留出了宽广的地盘。他把道德形而上学作为认识论之外的最重要的领域,把自然律和道德律并列,实际上是把道德实践的位置放在技术实践之上,这预示着人类实践可能走出内在分裂的困境,寻找到自由解放的出路。费希特、谢林和黑格尔不满意康德对于现象与物自体的绝对分离,反对物自体不可认识的观点,力图重新弥合现象和本体二者的鸿沟。从费希

---

① [德]康德:《判断力批判》,邓晓芒译,人民出版社 2002 年版,第 291~292 页。

特的主观精神到黑格尔的绝对精神,人类理性的哲学转化为精神的哲学,技术实践和道德实践重新走向统一,成为绝对精神自身的内在环节。黑格尔在对精神哲学和精神现象学的论述中,给了劳动和异化理论非常重要的地位(虽然只是精神的劳动和异化),这为马克思的实践哲学提供了至关重要的理论资源。

黑格尔把道德实践看作绝对精神演化过程中的一个重要环节,他的实践哲学充满了浓厚的思辨气息和历史感,人们经常引证他关于恶是推动历史的重要力量的断言,其实,他的实践哲学思考远非如此简单。笔者在这里仅就他的精神哲学做一探讨。黑格尔的"精神哲学"体系分为主观精神、客观精神、绝对精神三个部分,他对于道德实践的论述集中在第一部分和第二部分。在主观精神中,第三个环节是心理学,又分为理论精神、实践精神和自由精神。从实践精神到自由精神的发展,是主观精神的最高阶段,实践精神从低层次的"实践感觉",到"冲动和任意",再到"幸福",体现出来的是意志从偶然到自由、从自发到自为的过程,意志在伦理活动中感到深刻自由,就随之否定自身,扬弃了自身的主观性,进入客观精神,获得了自身的现实性。"现实的、自由的意志是理论精神和实践精神的统一,即自为地是自由意志的自由意志,因为迄今为止的实践内容的形式性、偶然性和局限性都已经自己扬弃了。"①在客观精神(也就是法哲学)部分,实践领域分为法、道德、伦理三个部分,伦理部分又分为家庭、市民社会、国家三个环节。精神通过伦

---

① [德]黑格尔:《精神哲学——哲学全书·第三部分》,杨祖陶译,人民出版社2006年版,第309页。

理和政治领域的实践活动,最终通过国家之间的关系而进入世界历史。这样,康德的道德哲学经过黑格尔的扬弃与否定,变为历史哲学,在更高的层次上说明了人类实践和文化的本体论存在方式,达到了近代实践哲学的顶峰。

黑格尔在论述人类实践和认识的至上性和无限性的时候,也暴露出了思辨哲学的内在问题,即思维本身成为了至高无上的力量,使得哲学耸入云霄、"在太空飞翔",离现实的感性活动越来越远。黑格尔去世以后,费尔巴哈擎起了"感性生存"的旗帜,从人本学的角度反叛黑格尔,这种对人的感性存在的关注一下子扣住了19世纪中期人类异化生存境况的主题,这正是马克思和恩格斯所关心的问题。以此为契机,马克思走向了实践哲学之路,回归到人的吃、喝、住、穿的物质生存,回归到人的劳动,他从此出发,建构了实践哲学的构架和范式,实现了哲学的总体性变革。

第二节 马克思实践范畴的文化内涵

马克思实践哲学兴起于19世纪中期,人类现实生存境况的苦难使得马克思把目光投向现实的感性世界,从经济领域出发重新探寻人类本质,寻找人类自由解放的道路。黑格尔哲学的破产和解体使得马克思从"以头立地"的思辨王国中走出来,进入"脚踏实地"的实践哲学。马克思开创了现代实践哲学的思维范式,把技术实践和道德实践统一在人类的整体实践之中,在这一基础上科学精神与人文精神才有了再度融合的可能。

实践范畴是马克思哲学的实质与核心。对实践哲学理论内涵的界定和理论框架的建构本身就是一个开放的、处于争论之中的重要理论问题。在这里,笔者回到现代实践哲学创始人马克思的理论构想,以展示实践哲学的一些最基础的思想,从而发掘实践哲学所体现的理论内涵。

马克思的思想是一个逐步演进的历程,其实践哲学构想主要形成于1844—1845年,马克思在《1844年经济学哲学手稿》中,把实践理解为"自由自觉的活动",从对象化劳动和异化劳动两个方面揭示了人是实践的存在物的思想,深化了近代以来的主体性哲学。在《关于费尔巴哈的提纲》中,马克思把革命的、批判的实践确定为哲学的立足点和视角,确定为人的感性世界和人的认识的现实根基。在《德意志意识形态》中,则以分工为线索来展示人类实践总体的分化与发展过程。《共产党宣言》以后,马克思思想的重心由实践哲学的建构转为确立唯物史观、倡导阶级革命,由哲学转向经济学和政治学,由"批判的武器"转向"武器的批判"。

在马克思看来,在未来的社会发展中,通过消灭旧式分工而彻底扬弃私有制,使国家的一切异己的社会力量消亡,使精神生产与物质生产的主体及活动通过人的自由和全面发展而达到新的统一。由此,马克思十分清楚地概括了自己学说的实质:"实际上,而且对**实践的**唯物主义者即**共产主义者**来说,全部问题都在于使现存世界革命化,实际地反对并改变现存的事物。"①这正是马克思的哲学思想以及全部学说的实质和核心所在。

---

① 《马克思恩格斯选集》(第1卷),人民出版社1995年版,第75页。

一、实践：人的本质活动和存在方式

在马克思看来,实践是人的类本质,即自由自觉的活动,是人的本质存在方式。

马克思在《1844 年经济学哲学手稿》中提出了异化理论。异化一词的英语为 alienation,词根 alien 的意思是"异己的",异化的含义是人所创造的产物最终与人相疏离,成为异己的、压迫人的力量。马克思区分了异化的四重含义:第一,劳动产品的异化。劳动者生产的产品,成为劳动者的对立面。本来产品是人的力量的确证,人却反过来受产品的奴役。第二,劳动活动的异化。它是劳动产品异化的根源。劳动活动是人确证本身力量的活动,人通过对象化的劳动把自己的本质力量投射到自然界中,实际上,劳动者只有劳动力可以出卖,被迫出卖劳动力换取温饱,劳动者本人的境况却每况愈下。第三,人本质的异化。它是四重含义里面最为核心的意义。人的类本质是实践,是自由自觉的活动。资本主义社会下人的本质是被动的、受动的,失去了自由自觉活动的性质。第四,人与人关系的异化。这是上面三重异化的后果。人和人的关系不是和谐协作的关系,而是互相冲突、互相矛盾。异化理论表现了马克思对人的生存状况的关注,它的意义不仅仅是对资本主义社会剥削关系的批判,而且是在哲学上对资本主义社会人的生存状况的一个检讨和说明。从异化理论中引出来的关于人的类本质的学说,成为马克思的实践哲学的起点。

马克思认为,实践作为自由自觉活动,可以从两个方面或两个维度来理解。

第一维度是现实维度。人和动物的区别就是实践，人是唯一有实践能力的动物。马克思举了一个例子：蜜蜂能够筑蜂巢，但是，最蹩脚的建筑师也比蜜蜂高明，因为人的活动是有计划、有目的的。人在盖房子之前，先要有图纸、方案，盖出的房子式样也千差万别；而蜜蜂的筑巢，只是服从盲目的自然规律或自然必然性，蜜蜂巢的式样是没有区别的。[①] 所以，从这个意义上说，人的实践活动是自由的、自觉的，而不是盲目服从自然界的规律。这个思想的基础就在西方人本主义的自由观中，古希腊思想家就意识到了自由和必然（自然）的关系，康德关于矛盾的学说中也谈到了自由和自然的矛盾。马克思继承了这些思想，并把它作为自己哲学的基础。

在《1844 年经济学哲学手稿》中，马克思在哲学上论证了人和动物在对象化活动上的区别，"动物只是按照它所属的那个种的尺度和需要来构造"，因而它"就是自己的生命活动本身"，它同自己的生命活动直接地同一；而人的实践活动则不同，其根本特征是有意识的生命活动，人懂得"按照任何一个种的尺度来进行生产"，这样他不仅生产自身，也生产自然界。此外，正因为具备"任何种的尺度"，所以人把自己本身当作"类的存在物"，换言之，"自由的有意识的活动恰恰就是人的类特性"。[②] 由此而言，人与动物的根本区别在于：人以这种"自由自觉的"本质活动不断再生产出自然和自身，使自然成为人化自然，这恰恰是"文化"一词的本来意义。文

---

① 《马克思恩格斯全集》（第 23 卷），人民出版社 1972 年版，第 202 页。
② 《马克思恩格斯全集》（第 3 卷），人民出版社 2002 年版，第 273 页。

化(culture)的本来意义就是培植作物、驯养家畜家禽,乃至于化野蛮为文明,变自然为人为。自然与人为的矛盾在古希腊哲学中就已经开始了,希腊神话中的普罗米修斯盗火,就是文化与文明的开始,在索福克勒斯的悲剧《安提戈涅》中,以一首著名的《第一合唱歌》道出了人在自然和文化之间的独特处境。从古希腊哲学到德国古典哲学,思想家们对人类文化的性质做出了多种解释,马克思的实践观是对人类文化的现代阐释,它一方面继承了文化思想的悠久传统,又把文化哲学奠基在生产实践基础上,实现了文化哲学与实践哲学的创新。

人化自然是实践的结果,是不断生成和创造的力量,它包含两个方面:一方面是自然的人化,"动物只生产自身,而人再生产整个自然界"①,另一方面则是人的本质力量的对象化,"通过实践创造**对象世界**,即**改造**无机界,证明了人是有意识的类存在物,也就是这样一种存在物,它把类看作自己的本质,或者说把自身看作类存在物"②。人的实践活动再造了整个世界的面貌,使自然成为人化的自然,"这种活动、这种连续不断的感性劳动和创造、这种生产,正是整个现存的感性世界的基础"③。他又说道:"他周围的感性世界决不是某种开天辟地以来就直接存在的、始终如一的东西,而是工业和社会状况的产物,是历史的产物,是世世代代活动的结果,其中每一代都立足于前一代所达到的基础上,继续发展前一代的

---

① 《马克思恩格斯全集》(第42卷),人民出版社1979年版,第97页。
② 《马克思恩格斯全集》(第42卷),人民出版社1979年版,第96页。
③ 《马克思恩格斯选集》(第1卷),人民出版社1995年版,第77页。

工业和交往,并随着需要的改变而改变它的社会制度。"①这就是说,现实的世界是人们世世代代从事物质生产、工业、交往等活动的结果。这使得马克思的实践哲学不同于一切旧唯物主义,因为后者仅仅是把与人无关的自在自然作为世界的基础,这种世界观仅仅是一种物理学或者天文学意义上的世界观,它不能理解人的精神性存在,也不能理解人的实践。

　　实践概念的第二维度是理想维度。人要从必然王国飞跃到自由王国,人的最终解放是人的目标。在现实中,人的活动是异化的,只有扬弃异化,人才能得到最终的自由解放。共产主义,也就是人类扬弃异化的活动本身。这个理想不是像基督教所说的"千年王国"一样的静态的乌托邦,而是一个永恒的现实运动。人在这个运动中向着完全的自由自觉而努力。从这个角度看来,自由自觉活动又是理想的目标。理想状态下的自由自觉活动,就是人的自由解放和全面发展。

　　马克思认为,异化和扬弃异化走的是同一条路,这是一个矛盾的辩证法。在永恒的实践进程中,人们创造一切,掌握他自己的命运。人始终是哲学思想的根本。他由此提出了"改变世界"的口号,把哲学改造为理论和实践相统一、解释世界与改造世界相一致的过程,这才是实践哲学的结果。马克思说:"共产主义对我们来说不是应当确立的**状况**,不是现实应当与之相适应的**理想**。我们所称为共产主义的是那种消灭现存状况的**现实的**运动。这个运动

---

① 《马克思恩格斯选集》(第 1 卷),人民出版社 1995 年版,第 76 页。

的条件是由现有的前提产生的。"①理想维度的实现离不开现实的变革活动,二者统一为一个永恒的、不断生成的过程,这个过程内化在实践和文化本身,构成实践和文化的深层内涵。

二、实践:现实感性世界存在的根基

马克思的实践哲学不再按照亚里士多德提出的技术与创制的二分法来划分实践,而是把二者统一在一起,这种统一不是硬性的结合,而是通过对人类经济活动的考察,把实践建立在人类的感性活动的基础上,这种哲学变革是根本性的。马克思在《德意志意识形态》中指出:"因此我们首先应当确定一切人类生存的第一个前提,也就是一切历史的第一个前提,这个前提是:人们为了能够'创造历史',必须能够生活。但是为了生活,首先就需要吃喝住穿以及其他一些东西。"②物质生产活动是人类社会的基本活动,是人类生存和发展的前提和基础。由此,马克思又推导出另外三个方面:物质资料引发的新的需要及满足这种新的需要的生产、人类的繁殖和家庭关系、人类历史。在这四个方面或四个前提之上,才有了人类的语言和意识。③ 由此,历史唯物主义的基础得以奠定,这种全新的实践哲学标志着哲学范式的转换。

亚里士多德的实践二分法仅仅规定了实践的两个重要部门——技术和道德(包括政治、经济活动),没有说明技术和道德的真正起源和基础,也没有说清楚二者之间的逻辑关系。其原因还

① 《马克思恩格斯选集》(第1卷),人民出版社1995年版,第87页。
② 《马克思恩格斯选集》(第1卷),人民出版社1995年版,第78~79页。
③ 《马克思恩格斯选集》(第1卷),人民出版社1995年版,第79~81页。

是因为亚里士多德所处的时代,还不能真正理解实践和文化的本质。马克思指出,唯物史观和"唯心主义历史观不同,它不是在每个时代中寻找某种范畴,而是始终站在现实历史的**基础**上,不是从观念出发来解释实践,而是从物质实践出发来解释观念的形成"①。这句话说的是历史观,但是也解释了亚里士多德实践观的问题,恰恰是从观念出发,以观念为标准来剪裁实践,这也是以后一切唯心史观的要害。

　　和亚里士多德相比,康德的实践观和文化观是成熟时期的唯心论形态。他的道德形而上学取消了道德的历史性,也取消了道德起源问题。他出于"普遍必然性"的诉求,寻找道德的形而上学根基,这种普遍必然性的形上基础只能在形式的、先验的绝对命令中来寻找。康德认为,我们一切关于道德起源的知识都是来自经验,在如何说明道德基础的问题上只有两种方案,一种是经验的,一种是先验的,用他自己的话来说,道德行为的来源只有两种可能:一种是自律,一种是他律。道德的自律,也就是精神的自我决定,道德的他律,是指道德行为来自外部的条件。绝对命令是绝对的道德自律,康德用它来说明道德的至上性、评价道德行为的价值。这种思想有其深刻的合理性,然而还存在一定的缺陷:第一,这种道德哲学不涉及道德的真正起源,所以是非历史的,属于精神哲学的。康德没有把道德放在历史的视野中去考察,所以他的道德观不能摆脱唯心史观。第二,他的道德观来自对意志自由的深刻理解,但是如果把意志自由仅仅归于道德实践,就正好把技术实

---

① 《马克思恩格斯选集》(第1卷),人民出版社1995年版,第92页。

践驱逐出人类实践的领域。如果考虑到技术实践的来源,就不能不涉及人类的生产劳动。

康德的文化观也有类似的问题。他从目的论的角度来理解人类文化,必然把劳动的"熟巧"看作是低级的、卑微的,而艺术、道德、宗教这些精神的活动成为高级的实践活动。马克思不是没有目的论思想,扬弃异化、人类的解放和全面发展的理想中包含着深刻的目的论维度。但是这种目的论不是别的,只能是实践的目的论,这种实践的目的论恰恰立足在"犹太人的卑微活动"上。从这个角度看来,文化不仅仅包含那些高端的、精英的文化产品和文化创造,也包含平凡的、普通的日常生活和重复性生产实践,马克思的高明之处就在于此,他的人学关怀不仅仅包含道德实践,也包含技术实践乃至普通人的日常经验、风俗习惯等。实践作为"大全",每时每刻都生产和再生产着人类和自然界。而这种大全性,是康德的实践观和文化观所不具有的。马克思既没有把物质资料生产绝对化为人类唯一的实践活动,也没有高扬道德实践和贬低技术实践,只有马克思才真正地蕴含着弥合"技术的实践"和"道德的实践"之二元分裂的基础。

黑格尔比康德高明的地方在于他的历史观,他深刻批判了康德的形式主义,"康德的实践理性并未超出那理论理性的最后观点——形式主义","但这种实践理性设定善这个普遍规定不仅是内在的东西,而且实践理性之所以成为真正的实践的理性,是由于它首先要求真正地实践上的善必须在世界中有其实际存在,有其外在的客观性"。① 也就是说,道德自律也好,绝对命令和意志自由也好,必须不能停留于理想,而要表现为现实。善不能停留在口头上,也要变为现实。在历史领域内,恶也有它的作用,但是恶的合理性在于它是绝对精神实现自身的工具。这样,黑格尔比康德更接近于真正的、历史的实践观念。黑格尔也不同意康德对自由和必然的硬性划分,康德认为,自由属于本体界,属于实践领域,而必然属于现象界,属于认识领域。黑格尔则"填平了"二者之间的鸿沟,将自由和必然统一在一起。

黑格尔的实践观和文化观的缺陷是过分推崇绝对精神的自我运动,结果把绝对精神变成了脱离人的"天命"。马克思说:"全部**外化历史**和外化的整个**复归**,不过是抽象的、绝对的思维的**生产史**,即逻辑的思辨的思维的**生产史**。"②一切实践和文化在某种意义上都是人类精神的产物,但是当黑格尔用绝对精神扬弃了所有环节以后,表现出来的却是一种"无人身的理性",这是理性和精神的膨胀和绝对化,物质的生产实践、日常生活、感性活动就这样被抽象掉了。所以,黑格尔在著作里面论述了劳动,但他论述的仅仅是精神的劳动。失去现实感性根基的实践与文化只能流于空想,这种实践观、文化观也不能逃脱解体的命运。黑格尔体系的解体拉开了现代哲学的序幕,实践哲学和文化哲学恰恰反映了现代哲学的精神,也就是回归实践和生活世界,回归人的生存境遇。马克思是这种现代哲学精神最伟大的奠基人。

---

① 〔德〕黑格尔:《小逻辑》,贺麟译,商务印书馆 1980 年版,第 143 页。
② 《马克思恩格斯全集》(第 42 卷),人民出版社 1979 年版,第 161 页。

马克思对现存感性世界的理解,正是通过批判黑格尔,进而批判了整个近代西方形而上学来完成的。在马克思看来,近代西方形而上学执着于思维与存在的二元对立,并将自己的全部工作确定为对二者统一性的追寻。尽管黑格尔最终在自己的精神哲学体系之中完成了这种统一,但是却抽去了世界的一切感性和现实性,使之成为绝对精神的自我运动过程。因此,在黑格尔那里,"全部**外化历史**和外化的整个**复归**,不过是抽象的、绝对的思维的**生产史**,即逻辑的思辨的思维的**生产史**。因而,**异化**——它从而构成这种外化的以及这种外化之扬弃的真正意义——是**自在**和**自为**之间、**意识**和**自我意识**之间、**客体**和**主体**之间的对立,也就是抽象思维同感性的现实或现实的感性在思想本身范围内的对立……在这里,不是人的本质**以非人的方式**同自身对立的**对象化**,而是人的本质**以不同于抽象思维的方式并且同抽象思维对立的对象化**,被当作异化的被设定的和应该扬弃的本质"①。正是费尔巴哈打破了黑格尔的绝对精神体系,为现代哲学的发展提供了一个全新的出路。费尔巴哈通过对宗教的批判指出,作为人的本质异化的宗教的秘密是思辨哲学,因而哲学不过是人的本质异化的另一种形式和存在方式,因而同样应该受到批判。费尔巴哈的伟大功绩在于,他"使'人与人之间的'社会关系成了理论的基本原则","从而论证了要从肯定的东西即从感觉确定的东西出发"。② 而所谓的"人与人之间的关系"、"感觉确定的东西"在马克思那时就是现实的感性

---

① 《马克思恩格斯全集》(第 42 卷),人民出版社 1979 年版,第 161 页。
② 《马克思恩格斯全集》(第 42 卷),人民出版社 1979 年版,第 158 页。

的实践活动。正是从感性的实践活动出发,马克思阐明了现实的感性世界存在的根基。

在马克思看来,近代西方形而上学所执着的"人与自然"、"思维与存在"的关系问题,实质是根源于理性思维纯粹的抽象,而在这一抽象的过程中,现实的自然界和人本身的存在已经被抽象掉了。因此马克思说:"放弃你的抽象,那么你也就放弃你的问题,或者,你要坚持自己的抽象,那么你就要贯彻到底,如果你设想人和自然界是**不存在的**,那么你就要设想你自己也是不存在的,因为你自己也是自然界和人。不要那样想,也不要那样向我提问,因为一旦你那样想,那样提问,你就会把自然界和人的存在**抽象掉**,这是没有任何意义的。"①对于马克思来说,人与自然是内在地统一的,这种统一根源于人的现实的实践活动。从人的方面来看,人首先是自然的存在,作为一个自然的生命体是自然界的一部分,必须依靠自然界才能生活,但人与自然界的其他生命个体不同,人是通过自身而存在的,正是在以自然为对象的实践活动中,人现实地创造着感性的、现实的世界,确证着人自己的存在。从自然的方面来看,自然界也只有作为人的活动的对象,才能进入现实的人的生活,并成为现实的人的生活的一部分,成为现实的自然界。正如马克思说的,"人直接地是**自然存在物**。人作为自然存在物,而且作为有生命的自然存在物,一方面具有**自然力**、**生命力**,是**能动的**自然存在物;这些力量作为天赋和才能、作为**欲望**存在于人身上;另一方面,人作为自然的、肉体的、感性的、对象性的存在物,和动植

---

① 《马克思恩格斯全集》(第42卷),人民出版社1979年版,第130~131页。

物一样,是**受动的**、受制约的和受限制的存在物,也就是说,他的欲望的**对象**是作为不依赖于他的**对象**而存在于他之外的;但这些对象是他的**需要的对象**;是表现和确证他的本质力量所不可缺少的、重要的**对象**。说人是**肉体的**、有自然力的、有生命的、现实的、感性的、对象性的存在物,这就等于说,人有**现实的**、**感性的对象**作为自己的本质即自己的生命表现的对象;或者说,人只有凭借现实的、感性的对象才能**表现**自己的生命。说一个东西**是**对象性的、自然的、感性的,这是说,在这个东西之外有对象、自然界、感觉;或者说,它本身对于第三者说来是对象、自然界、感觉,这都是同一个意思"①。这就是说,人与自然是内在地统一的,是相互确证的。正是作为人的对象,自然界才超越了纯粹客观的存在而表现出生命力,并成为人的对象性本质力量的表现;而自然则是人的本质不可缺少的、确证人的生命的对象。而人与自然的这种内在的统一和相互的确证,就是在人的实践活动之中完成的。因此,"在社会主义的人看来,**整个所谓世界历史**不外是人通过人的劳动而诞生的过程,是自然界对人说来的生成过程,所以,关于他通过自身而**诞生**、关于他的**产生过程**,他有直观的、无可辩驳的证明。因为人和自然界的**实在性**,即人对人说来作为自然界的存在以及自然界对人说来作为人的存在,已经变成实践的、可以通过感觉直观的,所以,关于某种**异己的**存在物、关于凌驾于自然界和人之上的存在物的问题,即包含着对自然界和人的非实在性的承认的问题,在实践上已

---

① 《马克思恩格斯全集》(第42卷),人民出版社1979年版,第167~168页。

经成为不可能的了"①。

三、实践:历史之谜的解答

实践和文化的展开构成了人类的历史。但是对历史的宏观理解和现实把握只有在近代以后才有可能。因为在近代以前,世界各个地区处于分散状态,科技不发达,人类对自身命运无法把握,人们只能在狭窄经验和宗教信仰的氛围之下形成自己的历史观念,所以古代历史观具有非常大的局限性,神话历史观、宗教神学历史观和英雄历史观占据了古代历史观的中心位置。这些历史观的特点是:首先,人类自身力量不足,人的历史被诸神的历史、英雄人物和帝王将相的历史所掩盖。其次,这些历史观充斥着神秘主义、宿命论和目的论。文艺复兴以来,人脱离了盲目的宗教信仰,理性的力量占据上风,只是从这里近代历史观才有可能形成。

近代以来,资本主义的全球化进程使得各个民族、各个地区的历史统一成为一个世界历史过程。马克思认为,资本主义首次开创了世界历史,"因为它使每个文明国家以及这些国家中的每一个人的需要的满足都依赖于整个世界,因为它消灭了各国以往自然形成的闭关自守的状态"②。随着各个民族融入世界历史,"地域性的个人为**世界历史性的**、经验上普遍的个人所代替"③,这样,才有可能解答这样一个历史之谜:人的目的是什么?

马克思认为,人的历史目的就是人的全面发展,人的自由和解

---

① 《马克思恩格斯全集》(第42卷),人民出版社1979年版,第131页。

② 《马克思恩格斯选集》(第1卷),人民出版社1995年版,第114页。

③ 《马克思恩格斯选集》(第1卷),人民出版社1995年版,第86页。

放。但是这种自由和解放不是通过上帝的拯救,也不是通过某些宿命论的历史演进公式,而是通过人类的实践活动本身。通过实践和文化,完善的人才能得以在历史中生成,达到全面发展,"人类的史前史"才能真正结束。只有通过世界历史过程,人类的文化得到充分交流,得到丰富和发展。马克思的实践哲学以其深刻的历史思考,提供了一个历史之谜的解答。

通过实践和文化,人与自然在历史中达到统一。马克思断言:"在工业中向来就有那个很著名的'人和自然的统一性'",这种统一性是通过人类的实践(工业仅仅是其中一个方面)实现的,它是一个历史过程。马克思又说,"这种活动、这种连续不断的感性劳动和创造、这种生产,正是整个现存的感性世界的基础"①,人类实践重新塑造着感性世界本身,构造和改变着人的生活世界的基本面貌。这种统一是历史的统一,由此扬弃了主客体二元对立的思维方式,这种思维方式是典型的近代思维方式,笛卡尔提出了心物平行论,认为物质和思想是两种不同性质的实体,由此,旧唯心主义和旧唯物主义的对立就此出现,伴随着经验论和唯理论之争,一直持续到 19 世纪,马克思认为,二者的对立必须被扬弃。主体和客体同样在实践中被塑造。所以,我们才能说:"这种共产主义,作为完成了的自然主义,等于人道主义,而作为完成了的人道主义,等于自然主义,它是人和自然界之间、人和人之间的矛盾的**真正解决**,是存在和本质、对象化和自我确证、自由和必然、个体和类之间

---

① 《马克思恩格斯选集》(第 1 卷),人民出版社 1995 年版,第 77 页。

的斗争的真正解决。"①

　　实践是人与社会的具体的历史的统一。马克思说："以一定的方式进行生产活动的一定的个人,发生一定的社会关系和政治关系。经验的观察在任何情况下都应当根据经验来揭示社会结构和政治结构同生产的联系,而不应当带有任何神秘和思辨的色彩。社会结构和国家总是从一定的个人的生活过程中产生的。"②这一系列"一定的"表明生产方式的具体性和实践的具体的、历史的情境,蕴含着"一切以时间、地点、条件为转移"的方法论。人在实践活动中对自然的再塑造与对社会关系的创造并非两个彼此独立的过程,人与自然的统一和人与社会的统一本质上是一致的,均是人的实践的产物。商品和劳动者的关系,表面上看是人和自然物的关系,实质上是人和人的关系,资本主义生产方式这种特殊的具体实践方式把人和人的关系转化为人和物的关系,所以如果对这种生产方式和实践方式进行变革,必然导致人和自然的关系的改变。这种改变必然是历史的。不同的文化形态的改变,也必然在具体的历史条件中得到改变。

　　马克思在上文所列举的存在和本质、对象化与自我确证、自由和必然、个体和类的关系,同样在实践和文化的历史进程中得到解决。

　　首先,存在和本质。二者是非常古老的哲学术语,来源于对亚

---

① 《马克思恩格斯全集》(第 42 卷),人民出版社 1979 年版第 120 页。
② 《马克思恩格斯选集》(第 1 卷),人民出版社 1995 年版,第 71 页。

里士多德的实体(ousia)概念的翻译和理解。① 存在和本质在原初意义上具有一致性,后来产生差别,它们的差别包含着特殊和一般、实在与概念、是与应是的差别。从个体和类的角度来讲,个体是具体的存在,类是其本质;从事物和概念的角度来讲,具体事物是存在,而概念是本质;从理想和现实来讲,现实是存在,而理想是本质。马克思认为,实践和文化在历史中的演进,最终会使人的存在和人的类本质(自由自觉的活动)相统一。

其次,对象化和自我确证。人的实践活动一方面是人的对象化过程,人把自己的本质力量投射到外部世界,把自在的自然变为人化自然;另一方面是人的自我确证过程,即在实践活动中确证自我的力量。这两个方面持续不断地生产和再生产着人类的一切文化成果。但是,异化现象的出现扭曲了这两个方面,对象化活动变成了奴役人的活动,自我确证也变成了自我否定和自我伤害。人只有在长期的实践和批判活动中才能真正扬弃异化,完成对象化和自我确证的统一。

最后,自由和必然。这个问题也是哲学史上的一个古老问题。在传统哲学家看来,人的自由来自精神的自我决定,文化就是自由活动的产物,必然规律则是人类无法改变的一切的总和。斯宾诺莎认为自由是对必然的认识,但是他的哲学具有浓厚的命定论色彩。黑格尔对自由和必然做出了独特解释。他认为,自由是精神的特性,这一特性表现为精神的自我否定,精神自己变为自己的对

---

① 汪子嵩、范明生、陈村富等:《希腊哲学史》(第 3 卷),人民出版社 2003 年版,第729 页。

立面,再进行自我扬弃;而必然性则是精神活动的客观性。马克思吸收了这个思想的合理成分。在马克思实践哲学构想中,自由是人类实践和文化的特征,人的活动具有批判现存、改造现存的能力。此外,人类活动的成果具有客观必然性,实践活动的成果也是不以人的意志为转移的。自由和必然统一在实践活动的过程中。这个思想克服了黑格尔的绝对精神的唯心主义,把这种唯心主义改造成现实的人类实践的辩证法。

四、实践与文化的内在关联

马克思实践哲学对实践概念的内涵及其功能的理解,蕴含着深刻的文化内涵,为现代文化哲学的形成奠定了坚实的基础。

从现代文化哲学的视角来看,就普通意义上的文化而言,它是指文明化的人类所创造的一切,包括经济、政治、思想道德、哲学、宗教、艺术等。也正是基于对文化内涵的这种理解,现代文化哲学在研究文化的结构时区分了物质文化、制度文化和精神文化。在这个意义上,文化是指文明化的人类所创造的一切,是对人类历史总体性和全面性的表征。但是,对文化的这种理解也使我们陷入一种尴尬的局面,即我们谈论人类社会历史的任何内涵都是在讨论文化,似乎文化之外别无他物,这反而使文化本身的内涵变得晦暗不明。因此,在更精确的哲学意义上,"人们很少用文化指谓人之具体的、有形的、可感的、不断处于生生灭灭之中的造物,而是用来指称文明成果中那些历经社会变迁和历史沉浮而难以泯灭的、稳定的、深层的、无形的东西。具体说来,文化是历史地凝结成的稳定的生存方式,其核心是人自觉不自觉地建构起来的人之形象。

在这种意义上,文化并不简单地是意识观念和思想方法问题,它像血脉一样,熔铸在总体性文明的各个层面中,以及人的内在规定性之中,自发地左右着人的各种生存活动"①。在具体的人类历史进程中,文化是通过文化模式或自觉、不自觉的文化精神展现出来的。从马克思实践哲学来看,现代文化哲学对文化的内涵的这种理解有着深刻的实践基础,或者说,正是建立在对人类实践活动的理解基础之上,才形成了对人类文化的这种哲学的理解。

具体说来,现代文化哲学对普通意义上的文化的理解,是基于对人类实践活动的总体把握基础之上的,是对人类历史性的实践活动的表征。因为就人类实践活动的总体来说,不仅仅是包括人类超越自然的对象性的、创造性的活动,而且包括人类的日常的社会生活活动,正是人的活动的这种总体性和全面性构成了人类文化的总体。就现代文化哲学在更精确的哲学意义上理解的文化概念来说,文化是建立在作为人的本质的活动方式——对象性的实践活动的基础之上的。人类文化所具有的创造性和超越性正是根源于人类实践活动的创造性和超越性。不但如此,人类文化的历史传承性,同样是根源于人类的实践活动。因为实践作为人的本质的活动方式,并不能被理解为人类的先天本性,而是人类的自我生成活动。这种现实的生成活动既是人类自我生成的活动,也构成了人类现实的历史进程。因而现代文化哲学的研究是在两个不同的层面上展开的:一方面,现代文化哲学作为一种全新的研究范

---

① 衣俊卿:《文化哲学——理论理性和实践理性交汇处的文化批判》,云南人民出版社2001年版,第10页。

式,是在人的实践活动的现实基础上展开的,力图从文化的视角展示出人的自我创造、自我生成过程;另一方面,文化哲学从人类的文化研究入手,力图通过人类文化的演进展示出现实的人类历史的进程,而这一进程本身也就是人类通过实践活动现实地生成的过程,因而文化哲学也是一种历史解释模式。

作为一种研究范式的文化哲学,是建立在对人的实践活动的理解基础上的。因为无论从何种意义上理解文化,都是与人类的实践活动密切相关的,都是以人的实践活动为基础的。作为人的本质的活动方式的实践,作为现实的人的生成的感性活动,在创造着这个现实的感性世界的同时,也现实地生成着人的精神世界。在某种意义上可以说,文化已经成为理解当代人类活动的基本范畴。正如马克思主义实践哲学将人类的实践活动理解为一种历史地生成的活动一样,文化哲学同样将文化理解为一个历史的范畴,并力图在人类历史的进程中去理解文化。可以说,现代文化哲学在历时态上对人类发展的历史进程所做出的原始的文化模式、传统的农业文明的文化模式和现代工业文明的文化模式的划分,正是建立在马克思主义哲学通过实践对人自身生成过程的理解基础之上的。与原始的文化模式和传统的农业文明的文化模式相对应的是人与人相互依赖的状态,与现代工业文明的文化模式相对应的是"物的依赖状态下人的独立性"的人的存在状态,而与未来的共产主义社会——人的自由自觉的存在状态相对应的是未来的文化模式。

因此,我们可以说现代文化哲学就是建立在对马克思实践哲学的理解基础之上的。现代文化哲学对人类文化精神的理解展示出来的,正是马克思实践范畴的创造性和超越性所内含的历史性和实践性的文化精神。

第三节 马克思实践哲学的理论宗旨

马克思实践哲学范式的确立,是现代哲学思维方式的革命性变革。其革命性、批判性和人类的终极关怀紧密联系在一起,也和人的感性生存联系在一起,这种实践哲学可以从根本上弥合实践的分裂和人的生存的分裂,最终预示着对人的文化的实践理解必将走向对生活世界的回归。

一、实践哲学:改变世界的批判性活动

马克思对哲学的理解超越了传统哲学。他把哲学的目标定位为批判活动,这就改变了哲学的根本走向。实践范畴在马克思学说中不仅是一个具有决定论意义的独特的对象和实体,还是一个具有文化意义的根本性的哲学视角。马克思不是像传统理论哲学范式那样,从形而上学的角度,用思辨方法推导出人的实践活动的一些普遍的范畴和规定,然后以此来说明现存世界结构是如何服从这些范畴的,而是从经济、历史等社会实践学科的研究入手,从中寻找理解人类活动的钥匙。所以马克思说:"全部社会生活在本质上是**实践**的。凡是把理论引向神秘主义的神秘东西,都能在人的实践中以及对这个实践的理解中得到合理的解决。"①

---

① 《马克思恩格斯选集》(第1卷),人民出版社1995年版,第56页。

德国古典哲学的特点是脱离实践的思辨,康德、黑格尔等人虽然提出了许多伟大思想,但他们毕竟离真实的世界历史有相当的距离,思辨哲学的中心原则也不是从现实出发的,马克思对这种抽象的体系化思维非常反感。马克思指出,"德国只是用抽象的思维活动伴随现代各国的发展,而没有积极参加这种发展的实际斗争",结果,"我们德国人在思想中、在**哲学**中经历了自己的未来的历史。我们是当代的**哲学**同时代人,而不是当代的**历史**同时代人"。① 青年马克思反复强调"消灭哲学",从而"使哲学成为现实"。在他看来,自我意识绝不是自我完成、自身完善的。它在其完善的过程中,必然要与现实发生矛盾,因而要走出自身,在实现世界的哲学化的同时完善自身。"这些个别的自我意识永远具有一个**双刃**的要求:其中一面针对着世界,另一面针对着哲学本身……这些自我意识把世界从非哲学中解放出来,同时也就是把它们自己从哲学中解放出来,即从作为一定的体系束缚它们的哲学体系中解放出来。"② 这样一来,"那本来是内在之光的东西,就变成为转向外部的吞噬性的火焰。于是就得出这样的结果:世界的哲学化同时也就是哲学的世界化,哲学的实现同时也就是它的丧失"③。马克思还强调,真正的哲学都是自己时代的精神上的精华,是文化的活的灵魂,是一种批判的和战斗的思想。这样一来,马克思既不同于那些沉醉于数学化的无限世界图景中的形而上学家,也有别于那些其"历史总是遵照在它之外的某种尺度来编写",并

---

① 《马克思恩格斯选集》(第 1 卷),人民出版社 1995 年版,第 11、7 页。
② 《马克思恩格斯全集》(第 40 卷),人民出版社 1982 年版,第 259 页。
③ 《马克思恩格斯全集》(第 40 卷),人民出版社 1982 年版,第 258 页。

把历史的东西变成"某种处于世界之外和超乎世界之上的东西"的历史学家。①

实践哲学的精神是一种深刻的批判精神。马克思明确地把自己的各种理论探索称为哲学批判、政治经济学批判、社会历史批判等。马克思从事这些批判的目的是要根本超越建立在传统分工基础之上的、以"解释世界"为特征的纯理论形态的学说,形成一种实践性的、批判性的理论精神,其宗旨是人的解放和人的自由。

二、实践哲学:对生活世界的终极关怀

人的位置在自然性与神性之间,理想与现实之间,人是一种追求自由与解放的高级动物。马克思对人类命运的终极关怀不仅仅表现在某些给定的历史阶段和目标的达成,而是强调对异化的扬弃和批判本身蕴含的精神,只有不断的、持续的否定与批判,才能真正实现对异化的扬弃。所以,马克思实践哲学的本性是否定性的辩证法。

马克思实践哲学力图实现一种关于人的生存境遇的终极关怀。马克思全部学说的价值追求在于,其实践哲学和异化理论中所包含的关于人的生存境遇的基本理解,这始终是马克思学说的本质内核。从这个角度来看,以往学界关于马克思是否是人道主义者的争论都是名词概念和意识形态的争论。马克思赋予了人的生存论境遇以本体论的维度,这使他的实践哲学带有现代哲学的色彩,所以我们说马克思本质上是现代哲学范式的

①　《马克思恩格斯选集》(第 1 卷),人民出版社 1995 年版,第 93 页。

开创者之一。

对人的生存境遇的维度的考察是建立在文化视角上的,是建立在对人的生存方式的历史性的观照上,这一点使马克思超出传统哲学,也超出了许多他的同时代人。之所以这么说,是因为马克思的视角深入到当时欧洲人具体的生存环境之中,从宏观的历史解释模式进入到相对微观的历史解释模式。很多人津津乐道《资本论》中使用了大量具体的实例,证明马克思治学严谨,这也表明了马克思之所以从哲学研究顺利地转入经济学研究,他的哲学研究方式的微观化、具体化从中起到了非常重要的作用。

马克思的这种终极关怀不表现为某种给定的状态,而是表现为持续否定的批判活动,马克思说:"共产主义对我们来说不是应当确立的**状况**,不是现实应当与之相适应的**理想**。我们所称为共产主义的是那种消灭现存状况的**现实的**运动。这个运动的条件是由现有的前提产生的。"①历来人们对共产主义思想多有误解,比如大跃进时期的口号:"共产主义是天堂,人民公社是桥梁",比如罗素在《西方哲学史》一书中把共产主义和基督教千年王国做简单比附,都是犯了同样的错误。从这个角度看来,关于社会主义社会有没有异化现象的问题也就不成其为问题,因为在社会主义的现实中人在相当长的一段历史时期内不能达到完全的自由解放,只要批判必须进行一天,我们就不能说完全地扬弃了一切异化现象。唯有持续的、彻底的否定和批判,立足于现实的终极关怀,才是共产主义作为运动本身的基础。终极关怀一旦离开现实,进入理想

---

① 《马克思恩格斯选集》(第1卷),人民出版社1995年版,第87页。

和"应当"之中,就将成为真正的宗教。

三、实践哲学:人类历史演化机制的展示

人类在告别自然界进行实践和文化活动的同时,就宣告了历史的开始。马克思认为,"正像一切自然物必须**形成**一样,人也有自己的形成过程即**历史**,但历史对人来说是被认识到的历史,因而它作为形成过程是一种有意识地扬弃自身的形成过程。历史是人的真正的自然史"①。自然史还不是人类真正的历史,人类真正的历史必须在人类自由解放之时才正式开始,此前一切历程都是人的史前史。只有当历史本身进入世界历史的时候,才宣告人的"史前时期"即将结束。"**整个所谓世界历史**不外是人通过人的劳动而诞生的过程,是自然界对人说来的生成过程"②,世界历史带来了人的深层异化状态,也带来了扬弃异化的契机。正如辩证法必须包含否定之否定的过程一样,人类历史也必须经历否定之否定的螺旋式上升过程,才能达到人类解放。

马克思认为,人类历史的演化必经之路有三个阶段,这三个阶段分别是"人的依赖关系(起初完全是自然发生的),是最初的社会形态,在这种形态下,人的生产能力只是在狭窄的范围内和孤立的地点上发展着。以**物的依赖性**为基础的人的独立性,是第二大形态,在这种形态下,才形成普遍的社会物质变换,全面的关系,多方面的需求以及全面的能力的体系。建立在个人全面发展和他们共

---

① 《马克思恩格斯全集》(第3卷),人民出版社2002年版,第326页。
② 《马克思恩格斯全集》(第42卷),人民出版社1979年版,第131页。

同的社会生产能力成为他们的社会财富这一基础上的自由个性，是第三个阶段。第二个阶段为第三个阶段创造条件"①。第一阶段，人处在原始的生产和小农经济时代，其生存方式完全是周而复始的，按照经验的图式进行的日常生活模式；第二阶段，是人的异化受动阶段，社会生产方式机械化、组织化，人日益变得一维化、单向度化，失去了丰富的内涵和精神享受，受物质生活条件的奴役；第三个阶段是人的自由自觉实践的阶段，也就是人的全面发展阶段。

在三阶段以外，马克思也提出了人类历史的五大社会形态的理论。在《德意志意识形态》一书中，他第一次比较完整地提出了人类社会演进的阶级图式，以分工和所有制的不同特征来说明人类历史上出现过的各种社会制度：部落所有制、古代公社所有制和国家所有制、封建的或等级的所有制、现代资产阶级私有制，最后是共产主义制度。后来他又在《〈政治经济学批判〉序言》中，提出了人类社会经济形态演进的几个时代：亚细亚的、古希腊罗马的、封建的和现代资产阶级的生产方式。综合马克思其他著作中有关社会发展的观点，可以说马克思提出了社会发展五形态理论，即原始社会、奴隶社会、封建社会、资本主义社会和共产主义社会。这五个形态是否是全人类必须经历的形态呢？对这个问题历来分歧较大，笔者同意这五个形态只是基于欧洲的历史发展进程的观点，社会形态如何更迭，只是一个历史问题，而不是一个哲学问题，实践哲学试图揭示的人类发展道路不是一个通往天国的路线图或者

---

① 《马克思恩格斯全集》(第46卷)(上册)，人民出版社1979年版，第104页。

时间表,而是一个普遍的逻辑进程,所以五形态也好,三阶段也好,都是人类历史发展规律的某种体现。

马克思对人类历史演化机制的说明包含着丰富的内容,他把哲学、历史和文化学思考结合在一起。这一图式容易被理解为对基督教末世论的模仿,但是后者只是一种事先设定的神学目的论,而马克思的三阶段理论可以从人类文化的演进历程中得到说明。人的全面发展如果理解为一个"千年王国",就落入了马克思反对把共产主义看作某种给定社会形态的错误。人的全面发展如果离开了现实的动力,就会彻底变成一种斯大林式的宿命论。

正是基于上述理解,马克思完成了"消灭哲学"和"实现哲学"的深刻的哲学革命,他的实践哲学革命所包含的理论范式是现代哲学正在生成的以未来为定向的、开放式的、生成论的、非实体性的本体论范式。站在马克思实践哲学的立场上,实践和文化是永远开放的范畴,因为其根基在于人的实践和批判本性。这一思路深刻影响了当代新马克思主义,也影响了20世纪的文化哲学转型。马克思实践哲学不仅超越了传统形而上学,同时也超越了传统实践哲学(古代实践哲学和近代实践哲学)。马克思实践哲学的主旨是要实现人的解放,而人的解放即意味着人的总体性、完整性和全面发展,意味着重建完整统一的生活世界的理想。同时,也为通向哲学的文化理解之路,即文化哲学之路,打下了坚实的基础。

第二章　20世纪文化哲学的兴起

19世纪中叶,伴随着以黑格尔哲学为代表的思辨哲学的日益没落,哲学正在寻求新的契机,马克思所开创的实践哲学范式就是现代哲学的多种可能性之一。从19世纪下半叶开始,随着西方理性文化模式的形成及其思辨理论哲学表述的危机特征越来越明显,西方许多哲学流派和思潮的理性批判,在深层次上都可以看作是对这种追求普遍性知识的、思辨的理论哲学范式的反抗,对关注生命的价值和意义的实践哲学或文化哲学范式的回归。进入20世纪以后,人类的生存危机越发凸显,人的命运、人的意义和价值逐步成为时代哲学理性关注的中心。文化自觉成为思想界最为突出的倾向,文化哲学的兴起,为实践哲学开出了新的理论契机和发展方向。

广义上的文化概念包含人类超越自然的一切创造物,和"文明"概念基本同义。狭义的文化概念隶属于精神层面,属于一个民族、国家所特有的、经受长期历史变迁形成的深层次的生存方式、精神气质。可以说,"文化是历史地凝结成的稳定的生存方式,其核心是人自觉不自觉地建构起来的人之形象"①。

从历史唯物主义的角度看来,文化是意识形态的一部分,从属于上层建筑,是由经济基础决定的,这种看法是从本质上和发生学的角度来看的;从文化哲学的角度看来,文化代表着一个国家、一个民族的精神内核,而经济属于物质层面。文化的精神形态,是一个具体文明形态的最核心要素,比如中国文化、印度文化和朝鲜文化,它们各自的核心要素是不一样的。虽然在历史唯物主义的角度上说,这些国家都是由经济基础决定上层建筑,但是同样的经济基础为什么产生出不同的上层建筑,这就是思想文化领域的问题了。所以,文化哲学和历史唯物主义并不矛盾,它们分别是从不同的角度去分析文化。马克思主义的文化哲学虽然在思考问题的角度上与历史唯物主义理论有些差异,但是它既没有离开马克思主义,也不能被理解为一种文化决定论。马克思主义的文化概念是立足于实践哲学基础上的文化概念。马克思主义文化哲学,是一种现代思维范式的表现,是马克思开创的实践哲学革命在 20 世纪的展开。要理解文化哲学的这种新发展,首先要理解 20 世纪西方文化思潮和文化哲学的兴起。

第一节　文化哲学兴起的背景

文化思潮乃至文化哲学的兴起,与人类近代以来,特别是 20

---

① 衣俊卿:《文化哲学——理论理性和实践理性交汇处的文化批判》,云南人民出版社 2001 年版,第 10 页。

世纪的历史境遇有着直接的关系。回顾和反思西方哲学史上文化哲学的发展历程，研究和发掘其内在的逻辑线索和思想脉络，对于我们科学地理解和把握文化哲学的内涵、审视和批判现代西方文化危机、重建人类现代化的价值理性基础具有十分重要的理论意义和现实意义。哲学是时代精神的精华。一种哲学形态的产生与发展，除了哲学自身逻辑力量的支持外，其最大的推动力即在于历史和时代的变化。文化哲学从兴起走向成熟的历程，也折射了人类社会文化发展的进程。

文化一直作为人类社会的深层内涵深刻地影响着人类历史的进程，虽然我们断言哲学一直以文化模式或文化精神作为自己的"内核"，但在过去的绝大部分历史进程中文化一直为社会的经济、政治等更为直接的表层因素所遮蔽，不为理性的自觉目光所关注。19世纪后期，特别是进入20世纪以后，文化层面才由历史的深层推进到历史进程的表层。由此，产生了人类的文化自觉。文化概念在古代就有了，但是直到近代，文化概念才被赋予了哲学意义。真正把文化作为一种思考哲学的方式和视角，作为一种思维范式，那还是19世纪中期以后，尤其是20世纪以来的事情，或者说，正是由于人类在这一历史时期所面临的危机，才使人类产生了真正思想层面的文化自觉，文化哲学作为一种哲学范式才开始兴起。

一、古典实践观的转化和开新

前面论述过，自亚里士多德提出"实践智慧"和"创制知识"的区分后，实践概念就有了与公共事务相关的行为方式的含义，而实践世界也就是人的公共世界和公共领域。人是"政治动物"，伦理学和政治学构成了实践哲学的主要内容。古希腊实践哲学关心的是人类正确生活的方式和目的,从苏格拉底开始,哲学家们在追问"什么是好的生活?"正是在对自己生活方式和目的的选择上,人类的理性与自由得到了真正的体现。然而,近代西方思想是伴随着科学技术的进步而产生的,创制知识的地位逐渐凌驾于实践智慧之上,"实践"被用来指一切人类活动,实际上是用"生产"取代了、包含了原来的"实践"概念。这种转变在理论上关键的一步是,实践不再像在亚里士多德的实践哲学中所指明的那样,指向"好的生活",而是指向人类在个性解放号召下的自由选择。而人类的自由选择恰恰导致了物质欲望的盛行、技术崇拜的肆虐,最终导致"好的生活"的解体。这就是一切现代性危机的根源。

近代社会的一个明显特征是市民社会的出现以及由此产生的私人领域与公共领域的分野和隔绝。私人生活,包括经济活动,完全独立于任何与国家相关的考虑,一切对财产和经济活动的政治限制都被取消了。汉娜·阿伦特在其名著《人的条件》一书中指出,正是从近代开始,人不再被看作是"政治动物",而被看作是"经济动物"。① 经济个人主义和放任自流使得经济活动成为了自身的目的。生活的最高价值不再表现在公共或政治生活领域,以及履行公共责任上,而是表现为在市场上追逐私人利益。无限的经济增长,以及牺牲公共领域以换取私人领域的扩张,成为社会生活的最高目标。对公共事务的参与、公共责任、公共情操,这些在以往

---

① [美]汉娜·阿伦特:《人的条件》,竺乾威、王世雄、胡泳浩等译,上海人民出版社1999年版,第32页。

被视为最高的价值全部被颠覆。现代性最终把人界定为被自然力量过程支配的存在物,人面对的是一个工艺科技的世界。在这个世界里,一切事物都变成生命体消费的物质,生产与消费构成了一个无限扩展的循环。人被这种生产与消费的有机循环所支配,变成只求温饱,只求满足生物本能冲动的"群氓"。资本主义社会人的异化也就由此不可避免。正是在20世纪,文明与野蛮同步发展,野蛮借助文明的成果变得更加无情和凶残。面对20世纪不断上演的一幕幕惨绝人寰的悲剧,人类社会现在已完全意识到它的异化,人类终于从愚蠢的傲慢与自信中开始清醒,检省自己近代以来的种种缺失。

解决困境之路不能仅仅依靠重新回归亚里士多德的古典实践智慧,而是要在新的历史条件下对实践智慧进行探索和创新。实践智慧的重新寻求离不开对人类文化模式、文化精神、文化传统的思考,在每一种文化中生存的个体,都深深地受这个整体文化模式和文化精神的影响。这种文化模式和文化精神嵌入社会活动和日常生活世界深处。如果不了解日常生活的结构,不了解人的文化精神,实践智慧就无从寻求,人类理性也就只能停留在思辨的精神王国里,无从着落,也就无法找到解决文化危机和人类生存困境的途径。现代性的危机只能通过对现代文化模式的深入思考和批判才能找到解决之道。

古典实践观没有意识到:何谓"好的生活"本身就是一个文化问题,是一种生活方式问题,这种生活方式的寻求不应该仅仅从政治和伦理领域中寻找路径,也应该从政治和伦理背后的文化模式和文化理念中寻找根据。对实践智慧的寻求既是人类的普遍问题,也是一个民族文化的特殊问题。这样,古典实践观的问题必然转为人的现代性生存方式问题,归根结底,这是一个生活世界和文化模式的合理化问题。这样,对实践哲学的探索必然会深化对文化哲学的思考。

二、技术理性批判和人类生存意义的追寻

在20世纪,人类在物质财富领域创造了足以傲视前人的成就。阿波罗成功登月、交通工具快速便捷和通信手段日益先进,而且信息高速公路和经济持续发展的前景也让人兴奋不已。消费主义和商业文化制造的繁荣前景更使人对未来充满信心。但是这些无法抹杀20世纪人类所遭受的苦难。20世纪也许是人类有史以来最残酷的世纪。在这个世纪发生的人类对同胞的残杀,对传统文化的肆意践踏,对环境的大规模破坏,对自然的掠夺性开发都是史无前例的。

现代社会的种种现实表明,产生现代性的思想资源本身不足以克服现代性在人类生活中造成的根本问题,反而有可能产生种种误导,使人们以为现代性真正实现了人们企盼的自由。人们又一次开始严肃地思考:我们应该怎样生活? 我们应该怎样生存? 生存意义问题的提出呼唤着我们对人类文化模式的整体思考。

德国社会学家韦伯区分了目的合理性(也称工具合理性)和价值合理性,前者只关注行为的结果或目的,后者只关注信仰和价值。这两者都是片面的,前者在形式上是合乎理性的,但是又有着实质上的非理性的一面,后者在实质上是合乎理性的,在形式上又

是非理性的,二者互相补充、彼此平等、不可偏废。① 韦伯的思想经常被思想家们所引用,使思想家们认识到,科学技术发展带来的问题,恰恰是技术合理性过度膨胀,压倒和遮蔽了价值合理性的结果。科学技术的发展释放了人性的恶,它不但不能解决"如何到达好的生活"的问题,反而使人类的生存状况极度恶化。由此,西方学界兴起了技术理性批判思潮,这一思潮正是对人类两种实践在现代走向分裂的反思。

现代西方一系列著名思想家、哲学家纷纷对科学技术进行批判,胡塞尔、海德格尔是其中的代表。胡塞尔认为,哲学在现代面临危机,他说道:"哲学的危机就意味着作为哲学的多方面性的诸环节的一切近代科学的危机,这是一种最初是潜伏的,但后来就越来越显露出来的欧洲人性本身在其文化生活的整个意义方面,在其整个'实存'方面的危机。"②这个危机表现为理性信仰的崩溃,信念和人类生存意义的崩溃,"对于世界由以获得其意义的'绝对的'理性的信念,对于历史的意义的信念,对于人性的意义的信念,即对于人为他个人的生存和一般的人的生存获得合理意义的能力的信念,都崩溃了"③。他认为,人类理性发展到了近代,哲学试图成为真正的科学,这种科学以新的数学和自然科学为典范,梦想着要达到"全知",确信自己能达到无限的认识。这种思想的来源是

---

① 〔德〕马克斯·韦伯:《经济与社会》(上卷),林荣远译,商务印书馆1997年版,第40、56页。

② 〔德〕胡塞尔:《欧洲科学的危机与超越论的现象学》,王炳文译,商务印书馆2001年版,第23页。

③ 〔德〕胡塞尔:《欧洲科学的危机与超越论的现象学》,王炳文译,商务印书馆2001年版,第23页。

伽利略的数学方法，他"用数学方式奠定的理念东西的世界暗中代替唯一现实的世界，现实地由感性给予的世界，总是被体验到的和可以体验到的世界——我们的日常生活世界"①，这种做法的后果是日常生活世界的遮蔽和生存意义的丧失。人们发现了这种遮蔽，于是哲学有了为技术"去蔽"、回归生活世界的趋向。这种趋向呼唤这一种对于人类文化的理解，因为文化是扎根于日常生活世界的。在日常生活世界深受技术崇拜影响而面临危机的时候，对日常生活的批判必定和对技术理性的反思联系在一起。

法兰克福学派的霍克海默、阿多诺、马尔库塞、哈贝马斯等人也提出技术理性批判思想。《启蒙辩证法》从启蒙和神话的关系开始，探讨现代文明的本质，启蒙的目的是"为世界祛魅、瓦解神话，用知识来替代幻想"②，但理性自身却取代了神话的位置。理性成为新的神话，带来的是生活世界的重组，人对自身生存意义的思考被压抑和遮蔽，人在技术的影响下，其生存方式必然是被动的、肯定性的、非批判的，这样，人类思维和文化中那种实践批判的本性就此丧失。他们说，"思想用数学、机器和组织等物化形式对那些把它忘在脑后的人实施了报复，放弃了思想，启蒙也就放弃了自我实现的可能"③，启蒙成为神话的代价就是启蒙的自杀，启蒙异化为新的蒙昧状态。

---

① ［德］胡塞尔：《欧洲科学的危机与超越论的现象学》，王炳文译，商务印书馆 2001 年版，第 64 页。

② Horkheimer, Adorno, *Dialectics of Enlightenment*, Continuum Publishing Company, 1988, p. 3.

③ Horkheimer, Adorno, *Dialectics of Enlightenment*, Continuum Publishing Company, 1988, p. 41.

马尔库塞不是把批判的矛头对准启蒙,而是肯定从启蒙运动到黑格尔的近代理性思潮,他的理性观念来自黑格尔,认为理性是人类思维的基础,哲学的目标是理性的复归。他在近代理性的基础上加了弗洛伊德的本能理论,把技术理性和对本能的压抑结合在一起,他认为,发达工业社会技术至上的现实,造就了一种奴役人的力量,人们的需要表面上被满足了,但是本来是全面的、多维度的人的本质,在现实中却被异化为单向度的、一维的、片面的人。控制的力量无处不在,科学与技术越发达、越全面,个人打破这种奴役状态的手段和方法越不可想象。"技术的逻各斯被转变成依然存在的奴役状态的逻各斯。技术的解放力量——使事物工具化——转而成为解放的桎梏,即使人也工具化。"①由此,他提出了爱欲解放论和"非压抑生存方式"的概念。他说:"非压抑性生存方式这个概念,旨在表明,向现阶段文明有可能达到的新阶段过渡将意味着,使传统文化颠倒过来,不论是物质上的还是精神上的,就要解放迄今为止一直受到禁忌和压抑的本能需要及其满足。"②

哈贝马斯所撰写的《作为"意识形态"的技术与科学》对马尔库塞的技术理性批判进行了重新思考,提出了不同意见。哈贝马斯的思考,为我们反思技术理性批判提供了一个很好的思路。他指出,技术的发展并不是绝对的、异化的力量,如果这样简单地对技术进行分析,很容易得出错误的结论。科学技术的进步,本身已经

---

　　①　[美]马尔库塞:《单向度的人——发达工业社会意识形态研究》,刘继译,上海译文出版社1989年版,第143页。
　　②　[美]马尔库塞:《爱欲与文明——对弗洛伊德思想的哲学探讨》,黄勇、薛民译,上海译文出版社1987年版,1966年政治序言第14页。

形成第一位的生产力，从而成为新的意识形态的基础，这种新意识形态和旧的意识形态有着很大区别，它重新构造了统治的合法性基础，对这种合法性基础，我们不能进行简单的拒斥，而应当寻找其内在逻辑，加以深层批判。①

三、解决科学精神与人文精神的分裂

科学精神与人文精神的分裂，是技术理性膨胀、人类实践领域分裂的结果。在韦伯进行"工具合理性"和"价值合理性"的区分之后，人们已经意识到了科学精神与人文精神的分裂。这个分裂和"技术的实践"与"道德的实践"的分裂有着深刻的联系。在现代化这一全球文化转型的历程中，这一分裂是一个醒目的特点。

为了解决这一分裂，必须对此进行文化哲学的思考。科学文化和人文文化是文化的两个不可分割的组成部分。它们和人的日常生活和非日常生活领域息息相关。科学文化主要在人的非日常生活领域产生出来，但可以应用于人的日常生活领域，而人文文化主要和人的日常生存领域相关，但它又通向非日常生活领域。技术实践和道德实践也是一样，它们本来是无日常生活和非日常生活的区别的，都共同扎根在统一的人类生存和文化处境之中。无论是科学理性还是人文精神，技术实践还是道德实践，都是人类文化创造所必需的，科学理性和技术实践解决了人应对自然的能力，弥补了人文精神对自然研究不足的缺陷，同时也显示了人类理性

---

① ［德］尤尔根·哈贝马斯：《作为"意识形态"的技术与科学》，李黎、郭官义译，学林出版社 1999 年版，第 69 页。

思维和改造自然的伟大力量。人文精神和道德实践则展示了人性的尊严和价值,规划着人类的社会生活,是对科学理性的必要补充和导引。重新审视科学在整个文化体系中的地位,对科学加以人文主义观照,以求减少乃至弥合科学文化与人文文化之间的裂痕,这已成为一种引人注目的思潮。20世纪的科学社会学、科学技术哲学、科学知识论、生态伦理学,以及人们对"科学、技术与社会"(STS)的研究,对科学和宗教、科学和道德关系的研究,都证明了人们对科学和社会关系的理解正在加深。科学理性精神与人文主义思潮的统一与融合,必须以文化研究和对人类文化的深刻理解为核心。

在20世纪西方哲学的发展历程中,分析哲学、实证主义哲学与人文主义哲学相互对立,但各自在其发展中仍呈现出相互渗透的趋势,科学哲学中的历史主义将社会心理因素引进自然科学领域,哲学人本主义则将人的非理性主义和当代具体科学对人的研究结合起来。解释学突出表现了力图融合科学哲学与人文哲学的趋势,将繁多的哲学相融合,建立起一种多元的哲学文化。理性的科学精神来源于传统的古希腊理性哲学,有着深厚坚实的土壤,这种非功利的求真精神,鼓舞着一代又一代的西方人去努力研究科学知识,从而推动科技的进步,改变自然的面貌。而西方哲学中的宗教人文精神对西方的伦理道德、风俗习惯、社会心理等产生了深刻影响,是西方精神文明建设的思想源泉。科学理性与人文精神的内在发展反映了真与善的统一。这些不仅仅是西方文化精神的精华部分,也是塑造现代文化模式的主要力量,中国虽然是东方国家,但也面临现代化进程,同样离不开科学理性和人文精神,离不开技术实践和道德实践的统一。中国的文化转型,必然在科学理性和人文精神统一的历程中得以完成。

四、文化转型的要求

迄今为止人类已经经历了原始文明、农业文明和工业文明,而每一种文明形态都有一种内在的主导性的文化精神作为文化支撑力量。从传统农业文明向现代工业文明的过渡是人类迄今经历的最深刻的全球性文化转型,这一转型即是我们通常所说的现代化。在这一深刻的文明转型过程中,人类也经历了内在的主导性文化精神的转变。现代文明的主导性文化精神是人之自觉的主体意识,科学理性和人文精神是这种主体意识的表现。

近代以来的工业文明导致了世界范围内的文化融合,人类开始了走向现代化的历史进程,这一点是文化哲学兴起的社会背景。马克思和恩格斯在《共产党宣言》中曾深刻地预示过工业文明给今后世界文化所造成的影响:资产阶级,由于开拓了世界市场,使一切国家的生产和消费都成为世界性的了,古老的民族工业被消灭了,而且每天都在被消灭。各民族的精神产品成了公共的财产。民族的片面性和局限性日益成为不可能。现代化的世界历史进程验证了马克思、恩格斯的上述论断,大工业生产是现代化的本质特征,正是凭借大工业生产,人类社会的发展在近代以来呈加速趋势。然而在世界性的现代化运动之前,世界各个国家、各个民族总的说来,尚处于文化的封闭状态之中,其历史发展和社会进化只具有区域意义而不具有世界性意义。正是大工业文明和理性精神,才使这种情况发生了根本性变化。工业化要求建立统一的世界市场,与之相应也必然要改变那种狭隘的区域民族文化观念,并促成不同民族间的文化融合。工业文明促进了统一的世界文化格局。

西方的文化转型和中国的文化转型还是有着较大区别的。西方的文化转型主要是对现代文化模式的深化,有学者认为是工业文明转化为后工业文明。笔者认为,西方社会的后工业文明是对工业文明模式的一种深化,就像后现代文化是对现代性文化的一次深化和反思一样。在新技术革命和知识经济的影响下,西方文化面临着深刻转变,启蒙时代"大写"的理性分化了,宏大叙事被拆解了;多元化、去中心和消解深度模式的网络文化盛行,世界越来越平面化;各个国家和文化之间的交流和冲突同步增多。后现代文化之后,应该是一种更成熟的人类文化,这种文化是建立在科学理性与人文精神、技术实践和道德实践统一的新的人类生存状态上的。所以需要对西方文化的转型进行深入的、整体的研究。

中国的文化转型又是另外一种现实。中国还没有完全实现现代化,这表现为农业文化、小农经济的影响还深深盘踞在中国人的精神世界中。占据中国大多数人口的依然是农民,农民的生存状况没有发生根本的改变,甚至在某种程度上还有所恶化;民主与科学的精神还不是很多中国人内心深处自觉的文化信念;现代的主体精神还没有在中国完全建立起来。这种局面需要我们对中国文化进行深刻反思,对当代中国的日常生活模式和文化结构还需要深刻的批判和改造。

综上所述,人类的普遍异化使文化危机和文化困境日益加深。最初对于文化模式和文化精神的研究大多出自文化学家和社会学家之手,而哲学家对于文化现象的关注更多地起因于 20 世纪西方的文化危机。人类对自然的技术征服和统治带来了一系列人们所未曾预料的结果:环境的恶化、人的单面化和奴役的加深等等。技术的异化所引发的文化危机和文化困境从另一方面凸显了历史的文化内涵和文化的重要性,引起了当代思想家和哲学家的极大关注,这是文化哲学开始走向自觉的契机。西方学术界声势浩大的存在主义运动直面技术异化世界中人的文化困境,他们把空虚、孤独、畏惧、烦恼、无意义等现象视作现代人生存结构的内在要素。这不是一种消极的控诉,而是一种自觉的文化批判,这种自觉的文化批判显然是现代文化哲学的重要内涵。正如萨特所说,存在主义所谈论的绝望实际上是对宏大叙事的绝望,个体不再把自身的意义建立在诸如人类解放之类的宏大叙事之上,而是自己承担自己的选择,自己承担自己的意义。

迄今为止人类历史的发展、人类文化的演进和哲学理性的转换已经为自觉形态的文化哲学的生成奠定了基础。应当看到,在新世纪中建构自觉的文化哲学,以作为未来哲学的主要表现形态,已经不是纯粹思辨的事情了。人与人(即主体与主体)之间的关系开始取代人与自然(即主体与客体)之间的关系而成为人类社会和人类历史发展中的首要的问题,而生活世界中的主体间的交往在最本质的层面上是文化的问题。人类从总体上正在开始步入信息时代或知识经济时代,一种新的生存方式和交往模式正在开始生成。这一切都使得自觉的文化哲学的产生既成为必须,也成为必然。

第二节　20 世纪文化哲学的特征

前面已经论述过,文化自觉是在思想层面关注文化,从文化的视角去思考人类实践。正是由于人类的生存危机产生了文化自觉,文化哲学的兴起,就是人类文化自觉的产物,是人对自身文化境遇的哲学反思。

一、西方文化哲学思潮的勃兴

20 世纪文化自觉的表现之一,就是西方文化人类学家和文化哲学家从不同的角度对人类精神的探讨。文化人类学的兴起来源于对古代文化、异族文化和土著文化这些未开化文明的研究。美国学者哈奇说:"在大多数欧洲历史中,对异族文化的民族兴趣较少,也极少思考对其他不同生活方式作系统的研究。然而,这种冷漠与轻视在哥伦布发现新大陆以后逐渐消失,因为随着欧洲探险与拓展的自然发展,于是对于'奇怪'与'陌生'的风俗,以及对那些看起来,乃至闻嗅起来不同于家乡本土的民族渐增好奇心。"①但是,文化人类学研究异族文化和未开化文明的意义,更多的是因为这些研究对象往往与世隔绝,文化特点比较纯粹。这种文化研究从 19 世纪开始取得了一系列成果,比如摩尔根对古代社会的研究、梅因对古代法的研究、柯瓦列夫斯基对原始公社的研究曾经启

---

① ［美］哈奇:《人与文化的理论》,黄应贵、郑美能编译,黑龙江教育出版社 1988 年版,第 2 页。

发了马克思和恩格斯对古代社会生产方式的探索,写出了《人类学手稿》和《家庭、国家和私有制的起源》,20世纪文化人类学的兴起又把这一研究推向高潮。

文化人类学早期的代表人物泰勒于1871年出版了巨著《原始文化——神话、哲学、宗教、语言、艺术和习俗发展之研究》,成为文化进化论的代表人物。他认为,文化就是人类的创造,文化与人的本质一致。[①] 文化有两个特点:一个是共同性,"在很大程度上能够拿一些相同的原因来解释相同的现象",一个是进化性,"文化的各个不同阶段,可以认为是发展或进化的不同阶段,而其中的每一个阶段都是前一阶段的产物,并对将来的历史进程起着相当大的作用"[②]。他认为,文化的根源是人类的理性,社会行为要从思想的理性过程来解释。[③] 他尤其强调个人精神过程与文化现象之间的因果关系。[④] 另一位代表人物、功能学派的马林诺夫斯基强调文化之间的差异和文化的动态和功能。他把文化分为四个方面:物质设备、精神文化、语言、社会组织。他特别强调社会组织、社会制度在文化中的重要作用。他说:"任何社会制度都针对一根本的需要;在一合作的事务上,和永久地团集着的一群人中,有它特具的一套规律及技术。任何社会制度亦都是建筑在一套物质的基础上,包

---

① [美]哈奇:《人与文化的理论》,黄应贵、郑美能编译,黑龙江教育出版社1988年版,第268页。

② [美]爱德华·泰勒:《原始文化——神话、哲学、宗教、语言、艺术和习俗发展之研究》,连树声译,广西师范大学出版社2005年版,前言第1页。

③ [美]哈奇:《人与文化的理论》,黄应贵、郑美能编译,黑龙江教育出版社1988年版,第19页。

④ [美]哈奇:《人与文化的理论》,黄应贵、郑美能编译,黑龙江教育出版社1988年版,第36页。

括环境的一部分及种种文化的设备。用来称呼这种人类活动有组织的体系最适合的名词莫若'社会制度'。在这定义下的社会制度是构成文化的真正组合成分。"①这些早期文化学家探寻人类文化与自然倾向、个人精神与整体文化之间的关系、文化的演化、文化制度的作用、各种日常生活模式的意义和规律等一系列广泛内容，对文化哲学起到了非常重要的启示和引导作用，预示着对文化类型和文化模式的探究即将进入一个深入阶段。

其后的文化学家、社会学家都注意到文化模式对个体行为的强制作用。马林诺夫斯基认为，文化对人的行为有着非常重要的影响力。② 美国文化人类学家本尼迪克特通过对印第安人和日本民族的文化模式的探讨，揭示了文化模式对个体和民族的行为的决定作用。她指出，"一种文化就如一个人，是一种或多或少一贯的思想和行动的模式。各种文化都形成了各自的特征性目的，它们并不必然为其他类型的社会所共有。各个民族的人民都遵照这些文化目的，一步步强化了自己的经验，并根据这些文化内驱力的紧迫程度，各种异质的行为也相应地愈来愈取得了融贯统一的形态。一组最混乱地结合在一起的行动，由于被吸收到一种整合完好的文化中，常常通过最不可设想的形态转变，体现了该文化独特目标的特征"③。文化人类学逐渐进入到文化类型、文化模式的研

---

① ［英］马林诺夫斯基：《文化论》，费孝通等译，中国民间文艺出版社1987年版，第18页。

② ［美］哈奇：《人与文化的理论》，黄应贵、郑美能编译，黑龙江教育出版社1988年版，第299页。

③ ［美］本尼迪克特：《文化模式》，张燕、傅铿译，浙江人民出版社1987年版，第45页。

究层面上,这一研究层面开始具有文化哲学意义。马林诺夫斯基说得好,"世间并没有'自然人',因为人性的由来就是在于接受文化的模塑"①。人的生活方式是被文化模式所塑造的,文化模式又是在日积月累的经验生活中进行的文化再生产。可以说,文化人类学家的工作进一步催生了文化哲学。

此外,一些社会学家也从文化模式的角度对人类文化进行社会学的研究。法国社会学家埃米尔·涂尔干说:"文化是我们身外的东西——它存在于个体之外,而又对个人施加着强大的强制力量。我们并不老是感到文化强制的力量,这是因为我们通常总是与文化所要求的行为和思想模式保持一致。然而,当我们真的试图反抗文化强制时,它的力量就会明显地体现出来了。"②德国社会学家韦伯在探讨西方资本主义的发展时,提出了一个著名的社会学假说,即任何一项伟大事业的背后都存在着一种无形的文化精神,他称之为"社会精神气质"。韦伯认为,有时某种文化精神对经济发展的阻碍是很大的,中国的儒教和道教就是这样。他说:"虽然经济理性主义的发展部分地依赖理性的技术和理性的法律,但与此同时,采取某些类型的实际的理性行为却要取决于人的能力和气质。如果这些理性行为的类型受到精神障碍的妨害,那么,理性的经济行为的发展势必会遭到严重的、内在的阻滞。各种神秘的和宗教的力量,以及以它们为基础的关于责任的伦理观念,在以

---

① [英]马林诺夫斯基:《文化论》,费孝通等译,中国民间文艺出版社1987年版,第97页。
② [美]C.恩伯、M.恩伯:《文化的变异——现代文化人类学通论》,杜杉杉译,辽宁人民出版社1988年版,第37页。

往一直都对行为发生着至关重要的和决定性的影响。"①而在西方，经过宗教改革而产生的以预定说、天职观和人世禁欲主义为核心的新教伦理则成为推动资本主义工业文明发展的积极的文化精神。新教伦理倡导"入世的"文化精神，它赋予世俗经济活动以伦理意义，促进了资本主义的合理性活动或理性化活动；但它又是"禁欲主义的"，人致力于经济活动的目的不是为了放纵物欲、享受财富，而是把获取财富和积攒财富看作上帝赋予的"天职"。韦伯实际上直接论证了文化精神或文化模式对于经济发展的推动作用。当文化作为人类历史和人类社会最深层的、最重要的内蕴或制约因素为人们所关注时，文化学研究开始同哲学研究交汇，形成自觉形态的文化哲学。

哲学界开始把对文化的思考作为一个重要方向，是从18世纪开始的。在思辨哲学的前提之下，哲学家开始了对文化的深层思考。德国古典哲学中所蕴含的文化哲学主要局限于阐释文化与自然、自然与人的区别和对立，从本质上而言，他们关于文化的强调是同其哲学体系对主体性的张扬紧密联系在一起的。德国古典哲学的文化概念为以后文化哲学作为一种哲学理解范式的产生提供了问题域。

德国哲学家狄尔泰较早开展他的文化哲学思考，他撰写了《精神科学引论》，区分了精神科学（Geisteswissenschaft）与自然科学，他所说的精神科学实际上包含了一切人文社会科学。狄尔泰认

---

① ［德］马克斯·韦伯：《新教伦理与资本主义精神》，于晓、陈维纲译，三联书店1987年版，第15～16页。

为,人生活在各种文化体系之中,"任何一个具体个体都是作为这些各种各样的体系的交叉点而存在的——在文化进步的历程之中,这些体系都可以得到越来越精致的具体说明"①。文化体系包含社会生活的各个方面,他仔细地分析了各种文化体系和外部社会组织的关系。他说:"当具体的个体本身在生活的舞台之上出现、然后又从其中消失的时候,这些文化体系都持续存在着,因为每一种文化体系都植根于——以各种各样的变体反复出现的——人物所具有的某个侧面之中。虽然那些把活生生的宗教、艺术和法律包含在内心之中的个体不断发生变化,但是,宗教、艺术和法律却具有永恒性。"②他把对文化体系的分析与社会历史和社会各个领域紧密联系在一起,而且注重文化系统的历史演变。他把文化哲学和历史哲学结合在一起,其理论不但影响了后来的新康德主义文化哲学,对其他哲学流派也有深刻影响。

狄尔泰之后的新康德主义思潮推动了 20 世纪的文化哲学探索。他们通过对价值问题的研究在哲学理论层面上推动了文化哲学的自觉。新康德主义哲学家们指出了康德哲学的局限,主张必须将康德在纯粹理性范围内所进行的哲学批判扩展到对全部人类文化现象的检讨,进而提出通过对全部人类文化的研究,建构一种包含着逻辑认识和前逻辑认识的一切人类意识活动的文化哲学体系的主张。

①　[美]威廉·狄尔泰:《精神科学引论》(第一卷),童奇志、王海鸥译,中国城市出版社 2002 年版,第 89 页。
②　[美]威廉·狄尔泰:《精神科学引论》(第一卷),童奇志、王海鸥译,中国城市出版社 2002 年版,第 87~88 页。

弗赖堡学派是新康德主义的一个重要分支,其代表人物文德尔班和李凯尔特沿着狄尔泰的思路,把人类的知识体系区分为自然科学和文化科学(而不用"精神科学"的概念),把现实世界划分为事实世界和价值世界,他们试图恢复文化科学的合法性,消除实证科学对哲学的影响,把文化哲学从思辨理论哲学的理解范式中解放出来。并强调指出,哲学的对象不是现实,而是具有普遍意义的文化价值和超验价值,因此,哲学的主要表现形式应该是文化哲学。文德尔班认为,19世纪哲学发展的重大转变表现为关于价值和意义问题的思考重新成为哲学关注的中心问题。他明确地为文化哲学的发展划定了领域,这就是人的存在的历史领域。文化科学或历史科学的研究重心是价值问题,而这同时也就是人的问题。人的存在的根据不再是自然规律,而是历史本身。他说:"人在文化价值创造活动的具体产物中所获得的一切,通过科学,最后通过哲学,达到概念的清晰性和纯洁性。"①他认为哲学史的意义在于,描述欧洲人如何用概念表述他们的世界观的形成过程,"哲学史从而恰恰表现了:在这过程中文化价值艺术如何以特殊经验提供的条件为诱因,以特殊的知识问题为工具,以越来越清晰越来越确实的意识,一步一步地前进;而这些文化价值的普遍有效性便是哲学的对象。人性之屹立于崇高而广阔的理性世界中不在于合乎心理规律的形式的必然性,而在于从历史的生活共同体到意识形态所

---

① [德]文德尔班:《哲学史教程》(下卷),罗达仁译,商务印书馆1993年版,第928页。

显露出来的有价值的内容。"①价值问题是文化的一个核心问题,从认识主体转移到文化主体,从知识论转到价值论,这不仅仅是一个学派的转向,也代表了时代精神的转换。

弗赖堡学派的另一个代表人物李凯尔特更加明确无误地突出了文化哲学的地位。他认为文化对象的特点是具有价值,价值和文化不可分。② 所以在进行历史研究的时候,一定要注意历史叙述的内容是和文化价值紧密相连的,"随着作为指导原则的文化价值发生变化,历史叙述的内容也发生变化,因此与文化价值的理论联系决定了历史概念的形成"③。所以,历史叙述不是与价值无涉或者是价值中立的。如果说,自然科学是以事实为核心,文化哲学就是以价值为核心。这样,新康德主义将主体的认识论哲学范式转向了文化哲学、实践哲学范式。现代哲学以人的生存,尤其是个体生存为基点,理解生存的意义和价值,是 20 世纪哲学的一个主流,而生存的意义和价值正只有在文化系统中才能得到理解。

新康德主义马堡学派的代表人物之一卡西尔比较早地提出了一种文化哲学的理论体系。他称自己的哲学为"人类文化哲学"。卡西尔把康德对人类的纯粹理性批判扩大到对整个文化形式的批判。卡西尔用符号学方法来研究人的文化,他认为文化是一个符号之网,它把人类经验编织成意义的网络。人类的精神文化生产

---

① [德]文德尔班:《哲学史教程》(下卷),罗达仁译,商务印书馆 1993 年版,第 927 ~ 928 页。

② [德]李凯尔特:《文化科学和自然科学》,涂纪亮译,商务印书馆 1986 年版,第 20 ~ 21 页。

③ [德]李凯尔特:《文化科学和自然科学》,涂纪亮译,商务印书馆 1986 年版,第 81 页。

活动、实践活动都是一种符号化的活动,即以意义与价值系统为导向的活动。他明确意识到人的经验和知识不限于科学体系,还包括人类文化的一切形态。一切文化的创造,都是不同历史时期的经验和知识,都直接或间接地折射着人的价值光辉。卡西尔认为,批判哲学"除了要设法理解纯粹的认知功能之外,我们还必须设法理解语言思维的功能、神话思维和宗教思维的功能、以及艺术知觉的功能",从而"为诸文化形式的**整体性**完成(康德的)先验批判为**纯粹认知**所作的一切"。"这样一来,理性的批判就变成了文化的批判","康德所发动的哥白尼革命就获得了一种全新的、扩大了的意义"。① 在卡西尔的文化哲学视野中,有一个贯穿始终的价值轴心,这就是人的主题。这一主题强烈地表现在他的各时期的著作中。他强调,"我们应当把人定义为符号的动物(animal symbolicum)来取代把人定义为理性的动物。只有这样,我们才能指明人的独特之处,也才能理解对人开放的新路——通向文化之路"②,文化就是人的符号世界,因此一种人的哲学也就必然应该是一种文化哲学。人只有在文化创造中才能成为真正意义上的人,也只有在文化活动中,人才能获得真正的自由。文化不断发展,人的本质也处在不断地创造文化的辛勤劳作之中。人性实质上是一种无止境的创造性活动。

在卡西尔之后,当代西方文化哲学呈现出多元化发展的繁荣态势,各种文化哲学理论纷纷产生,如结构主义的文化哲学、现象

---

① ［德］卡西尔:《语言与神话》,于晓等译,三联书店1988年版,第211、217页。
② ［德］卡西尔:《人论》,甘阳译,上海译文出版社2003年版,第42页。

学的文化哲学、西方马克思主义的文化哲学、科学哲学的文化哲学等等。总的说来,如果说文化人类学是从人类学与文化学的实证层面上触及文化哲学的研究主题,那么新康德主义则是从人类哲学理性的内在分化出来的,通过对价值和意义问题的探寻开始自觉地推动哲学理解范式的转变。从新康德主义的文化哲学以后,西方现代哲学的研究方法发生了深刻的嬗变,由对本体论和主客二元对立认识论的纠缠转到了对人的生存价值和意义、生活世界的关注,从而完成了从传统理论哲学到现代文化哲学的转向。

胡塞尔的现象学理论进一步从文化批判角度推进了对文化哲学的思考。胡塞尔在《欧洲科学的危机与超越论的现象学》里明确指出,文化的危机导致了欧洲的科学危机,欧洲的科学危机体现了现代西方人的价值和意义的危机。胡塞尔指出,实证科学从原则上排除的正是对于在我们这个不幸时代听由命运攸关的根本变革所支配的人们来说十分紧迫的问题:即关于这整个的人的生存有意义与无意义的问题。① 他认为只有将生活世界作为人之存在的基础,在文化危机中失去的人的价值才能复归。因此,"生活世界"理论的提出使胡塞尔实现了对传统理论哲学研究对象以及研究方法的彻底颠覆,他从文化模式和文化精神的角度出发去剖析欧洲科学危机,对 20 世纪的自觉文化哲学产生了重大推动作用。受胡塞尔这种文化哲学思路的启示,海德格尔、伽达默尔和哈贝马斯等人也对生活世界理论进行了深入的论述,他们的研究从理论层面

---

① [德]胡塞尔:《欧洲科学的危机与超越论的现象学》,王炳文译,商务印书馆2001 年版,第 4 页。

和实践层面上推动了作为哲学理解范式的文化哲学向生活世界的回归。

综上所述,20世纪文化哲学在其流变过程中正越来越成为当代哲学研究的主导视角。文化哲学在研究方法上也呈现出了多元化格局,不仅哲学(如现象学、解释学、分析哲学)为文化哲学的建构提供了新的研究方法,而且诸多相邻学科(如心理学、社会学、语言学、人类学等)和许多新兴学科(如系统论、信息论、传播学)也纷纷介入文化哲学。可以预测,文化哲学在今后的发展中必将以更为广阔的视野、直面生活现实的理论品格以及执着的人文主义精神,去关注人类的存在命运以及哲学的命运。

二、西方马克思主义的文化转向

马克思实践哲学是关于人的存在活动和本质的深刻阐释,是人的存在的本质性文化精神的自觉澄明。马克思学说总是从人的实践活动的超越本性和批判本性出发,与不同时代的文化精神展开对话,总是表现为一种开放的文化批判活动。马克思实践哲学需要不断同现代理论与实践展开对话与碰撞,从而发展自身。在基本的理论形态上,马克思主义哲学表现为关于人的存在的实践哲学,文化哲学是马克思主义的一种当代形态,这种当代形态是在西方马克思主义进行文化转向的背景下发生的。

(一)马克思主义哲学的不同表现形态

在马克思主义的发展史上,马克思主义哲学出现过不同的表现形态。实践哲学是马克思主义哲学的原初和本真形态。马克思主义哲学从本质上讲是一种深刻的实践哲学。虽然,在不同的情境中马克思曾阐述了许多具体的哲学观点,但他始终如一地坚持关于人的存在的实践哲学。马克思并不是一位书斋里的理论家,驱动他从事哲学探索的不仅有深刻的理论动因,而且有强烈的实践动因。马克思自觉地把哲学的终极关切从外在世界的本质转向人的存在本身。人的存在、人的本质和人的命运问题始终是马克思全部理论活动和实践活动的核心。马克思不仅从理论层面提供了关于人的主体性的合理解说,阐释人的存在和人的本质,而且还探索了人超越现存,改变人的生存境遇的途径。马克思从人区别于其他动物和存在物的最本质的规定性入手,即从人特有的自由自觉的实践活动入手,来确定人生活于其中的感性世界的根基。作为人的自由自觉的活动,实践综合了人之为人的所有根本特征:自由、创造性、社会性、超越性、目的性等。实践是人特有的存在方式,它以自身的存在(活动)赋予自然界其他一切存在方式以意义和价值。人的理性、情感、感性、直觉、意志、本能都包含在实践概念之内,它们构成有机的总体。马克思实践哲学的构想的确代表着人类思想史上的重大革命。它面向生活世界,主张变革现实,具有强烈的批判意识,而且具有深厚的文化哲学意味。

传统的马克思主义哲学是马克思主义哲学的主流政治形态。从马克思、恩格斯中期的政治、经济思想开始,中经第二国际、普列汉诺夫、列宁、斯大林等的系统阐发和具体实践,构成了马克思主义的主流政治形态,广泛普及于国际社会主义阵营。由于俄国革命的成功,这种主流的马克思主义解释模式在国际共产主义运动中取得主流地位,并在各个主要社会主义国家得到继承和发展。这种哲学以辩证唯物主义和历史唯物主义为代表,经历了一定程度的意识形态化过程,其特点是重视革命实践和革命斗争,现实色彩很强,理论思辨色彩较弱。在理论层面上,具有浓厚的决定论色彩,一般持物质本体论和反映论立场。以毛泽东思想为代表的中国的马克思主义也属于这种形态的一种演变形式。目前这种解释模式已经不再占据主流地位。

和传统的马克思主义相对的是西方的新马克思主义,这种哲学是20世纪西方和东欧国家马克思主义理论界反抗列宁主义和苏联模式的产物。其特点是把马克思主义和西方哲学结合起来,大多数学者强调青年马克思实践哲学的构想,反对自然辩证法和机械决定论,实践性较弱,理论性强,思辨性强,一般不强调暴力革命、政治革命,而是强调文化批判和哲学阐释。他们往往强调对马克思思想的人道主义解读,有少量流派主张用科学主义、结构主义和分析哲学的方法来解读马克思思想。这种思想是适应20世纪西方和东欧国家新的社会现实,试图用新的理论资源重新解释和发展马克思的思想。

马克思主义哲学的当代形态有很多,因为不同的学者对其的阐释是不同的,呈现出多元化态势。近年来涌现的有影响的解释模式有历史哲学、文化哲学、发展哲学、生存论、经济哲学、女权主义、后马克思主义等,其都可能是马克思主义哲学的当代形态。笔者认为,文化哲学应该成为马克思主义哲学当代形态中的核心,或者是一种非常主要的当代形态和表现形式。文化问题的突出与对文化哲学研究的深入是现代社会的重要现象,它与人类所经历的重大的文明转型和文化危机直接相关。文化哲学正是在这样的背景下成为现代哲学的最重要的表现形态的。而马克思实践哲学从两个基本方面揭示了现代文化哲学的主题与演进思路。一方面,马克思实践哲学深刻体现了现代化进程的深层文化精神,即人的主体精神和创造精神。另一方面,马克思实践哲学代表着一种对现代文化危机的深刻的批判意识。弘扬主体性和扬弃人的自我异化,是同一个问题的两个方面,它们构成了实践哲学的深刻的文化底蕴。

在新世纪,马克思主义哲学的多种阐释形式将在长期内并存。文化哲学将成为其中一种非常有活力和理论包容性的解释方式和发展方向。要想深入理解文化哲学对马克思主义哲学的意义,还要充分了解 20 世纪马克思主义的深刻变化,尤其是了解西方马克思主义为此做出的巨大贡献。

(二)西方马克思主义的文化转向

20 世纪人类遇到的最根本的问题是普遍的文化困境。社会矛盾和冲突的焦点从经济利益和政治权力扩展到文化层面,人的生存的意义被遮蔽,价值失落,信仰出现危机,文化困境普遍化。自由、人道等人类生存的文化核心价值遭到威胁。在这种特殊的文化境遇中,马克思主义的理论视野必须发生转换,如果还停留在传统的经济斗争和政治斗争中,而忽略总体性的文化操控问题,就会偏离社会的现实和人类生存的焦点性问题,并可能会失去自己的社会基础,失去创造力和现实的理论指向,也可能失去马克思主义的活的精神,即面对现实的批判精神。

19 世纪下半叶开始贯穿整个 20 世纪的西方哲学流派和思潮,在深层次上都可以看作是对这种文化危机的回应和反思。而不仅仅是对普遍性知识的追问和对思辨的理论哲学的反抗。整体上,黑格尔之后的哲学,尤其是人本哲学普遍具有关注生命的价值和意义的倾向,所以在某种意义上,向实践哲学或文化哲学范式的回归,向生活世界的回归成为这一时期哲学的主题之一。例如,柏格森的直觉主义哲学、狄尔泰的生命哲学、叔本华和尼采的唯意志论哲学、胡塞尔的生活世界理论、舍勒的哲学人类学、弗洛伊德的精神分析学、海德格尔和萨特的存在主义、福柯和德里达等人的后现代主义等,都可以看作是这种回归文化、实践和生活世界的潮流的一部分,都对西方文化危机进行了反思和批判。他们立足于把生活世界当作人的生存的意义结构和价值根基来加以展示与重建,在社会行为的互动和主体间的交往中确立人的自由和个性的生成空间。他们是西方马克思主义的同盟者。

卢卡奇开创了西方马克思主义(新马克思主义),其特点之一就是由政治经济的批判转向文化的批判,这种"文化转向"的根据就是对20世纪资本主义社会新动向的深层思考和对马克思主义哲学思想的新阐释。这种阐释方式不仅仅是一种单一的理论模式和理论路线,而且是多种不同理论的总称,各种"西方马克思主义"或者"新马克思主义"理论之间保持着一种"必要的张力",它们产生于20世纪的不同历史阶段,来自不同的国家,具有不同的理论背景。西方马克思主义对20世纪的西方哲学乃至世界哲学产生了广泛而深远的影响,它建立在马克思实践哲学的基础上,吸收现代西方哲学的文化成果,建立自己对现代西方人的生存境遇、社会现实的理解模式和批判模式。西方马克思主义者通过把关于人的自由和创造性的文化价值的形而上的思考和关于人的生存境遇的现实的文化批判有机地结合起来,形成一种真正意义上的关于人之存在的实践哲学、文化哲学。虽然西方马克思主义阵营内部存在着不小的理论差异,但是,从总体上看,其各个流派之间最大的共同点之一,在于从经济和政治的社会历史观向文化历史观的转变。这一文化转向是西方马克思主义的基本的理论定位和理论特征。

第一代西方马克思主义者的代表人物是卢卡奇、科尔施、葛兰西和布洛赫。这一代人在哲学舞台上崭露头角是在20世纪20年代,其标志性事件是卢卡奇发表了《历史与阶级意识——关于马克思主义辩证法的研究》。此书对20世纪初无产阶级革命失败的原因进行反思,对马克思主义的实质和精髓进行了重新表述,对20世纪初资本主义社会的新变化提出了自己的看法,对列宁领导的无产阶级革命中的一些重要问题进行了讨论。卢卡奇认为,资本主义生产方式造成了严重的"物化"现象,这种物化现象渗透到思想文化领域,形成了对无产阶级的思想控制,使得无产阶级的阶级意识不能形成,而无产阶级的阶级意识对于革命来讲是至关重要的。因此,要想形成无产阶级的阶级意识,就要对"物化"现象进行批判。他说:"如果我们纵观劳动过程从手工业经过协作、手工工场到机器工业的发展所走过的道路,那么就可以看出合理化不断增加,工人的质的特性、即人的—个体的特性越来越被消除。"①合理化的思想来自韦伯的社会理论,它在生产中的表现是劳动过程的可计算性,使得工人变为生产线上的一个机器,"失去自己的主

---

① [匈]卢卡奇:《历史与阶级意识——关于马克思主义辩证法的研究》,杜章智、任立、燕宏远译,商务印书馆2009年版,第154页。

动性,变成一种直观的态度,从而越来越失去意志"①。这种后果主要体现在思想和文化层面。物化意识的产生,使得工人无法形成有效组织,统一的、总体的阶级意识也就无法形成,工人只能安于现状,接受这种被剥削的命运。他认为只有无产阶级的意识才能指出摆脱资本主义危机的出路。要取得革命胜利,就要进行总体的革命,总体性概念包括理论和实践的统一,也包括人的物化意识的扬弃。总体性革命必须在实践和理论批判统一的过程中才能实现。

葛兰西从另外一个角度拓展了卢卡奇的思路。他从西方社会的结构进行分析,认为西方国家由两个成分构成:政治社会和市民社会。政治社会的特征是统治者拥有强权,也就是政治的领导权;市民社会主要指文化伦理和意识形态领域,统治者拥有意识形态的领导权。在西方资本主义社会中,资产阶级不仅有政治领导权,也有文化领导权,政治领导权可以通过暴力革命来剥夺,而文化领导权却不能通过暴力革命而消除。他说:"在西方,国家与市民社会之间存在着调整了的相互关系。假使国家开始动摇,市民社会这个坚固的结构立即出面。国家只是前进的堑壕,在它后面有工事和地堡坚固的链条。"②所以,革命失败的原因是仅仅摧毁了作为"堑壕"的国家机器,而没有摧毁作为"工事和城堡"的意识形态。当务之急是把这种"运动战"转为"阵地战",把争取文化的领导权放在第一位。这是一个长期的工作,需要获得广大民众的支持。

---

① [匈]卢卡奇:《历史与阶级意识——关于马克思主义辩证法的研究》,杜章智、任立、燕宏远译,商务印书馆2009年版,第156页。

② [意]葛兰西:《狱中札记》,葆煦译,人民出版社1983年版,第180页。

葛兰西对理论和实践想统一的论述也非常独到,他提出了"有机知识分子"的思想,这种有机知识分子的职责是进行文化的启蒙,非常方便地和大众结合在一起,能够深刻地对大众进行影响。他说:"要不断地提高人民中越来越广泛的阶层的智力水平,换言之,要赋予群众中无定向分子以个性。这意味着要努力培养出一种新型的知识分子的精英,这种精英直接从群众中产生出来,而还同群众保持着接触,可以说,变成女服胸衣上的鲸骨制品。"①这样,葛兰西和卢卡奇共同提出了对资本主义文化进行批判的方案,开创了一个非常重要的传统。

　　第二代西方马克思主义者继承了卢卡奇等人的文化批判路径,对此做出了进一步的深化。他们立论的社会环境又有所变化,第二次世界大战前后,资本主义社会的文化模式加强了对个体的内在控制,尤其是在 20 世纪五六十年代,资本主义社会的模式进一步成熟,缓解了自身内部的各种社会矛盾,工人地位有所提高,中产阶级的范围扩大,阶级矛盾有所缓和。这个时期的西方马克思主义者基本放弃了革命实践的方案,而是转入理论层面的批判上来。卢卡奇等人基本都是职业革命家,各国共产党的理论家和革命家,而第二代"西马"的代表者基本都是纯粹的知识分子或大学教授。这一时期文化哲学的理论代表是法兰克福学派。它的代表人物主要有霍克海默、阿多诺、马尔库塞和弗罗姆。他们在不同方向上对资本主义文化进行批判。主要思想有批判理论、启蒙的辩证法、否定的辩证法、单向度的人和爱欲解放论等。

_____

① [意]葛兰西:《实践哲学》,徐崇温译,重庆出版社 1990 年版,第 22 页。

《启蒙辩证法》对资本主义的文化工业进行批判。他们认为，文化工业可以作为大众文化的同义语，这种大众文化构造了一种独特的供消费的意识形态，专门用来欺骗大众。他们大量分析了广告、电影、音乐的商品化和欺诈倾向，认为"文化工业不断在向消费者许诺，又不断在欺骗消费者。它许诺说，要用情节和表演使人们快乐，而这个承诺却从未兑现，实际上，所有的诺言都不过是一种幻觉，它能够确定的是：它永远都不会达到这一点"①。一切都是要让受众接受现实，服从现实，丧失批判的理想。个人在这种控制之下就变得齐一化了，"在文化工业中，个性就是一种幻象，这不仅是因为生产方式已经标准化。个人只有和普遍性达成一致，他才能被容忍，才是没有问题的"②。

马尔库塞和弗罗姆的文化批判路线与霍克海默和阿多诺有所不同，他们借用了弗洛伊德的精神分析学说，对资本主义文化模式下的人的心理机制和生存结构进行了批判。马尔库塞借用了弗洛伊德关于文明与压抑的理论，认为现代资本主义社会的文化控制造就了人的压抑性人格和心理机制。他说："在这个世界上，人类生存不过是一种材料、物品和原料而已，全然没有其自身的运动原则。这种僵化的状况也影响了本能、对本能的抑制和改变。"③他又借用了马克思对剩余价值的分析方法，把压抑分成基本压抑和额

---

① Horkheimer and Adorno, *Dialectics of Enlightenment*, Continuum Publishing Company, 1988, p. 139.

② Horkheimer and Adorno, *Dialectics of Enlightenment*, Continuum Publishing Company, 1988, p. 154.

③ [美]马尔库塞：《爱欲与文明——对弗洛伊德思想的哲学探讨》，黄勇、薛民译，上海译文出版社1987年版，第73页。

外压抑,他认为,资本主义生活方式给人们造成的额外压抑,是人格扭曲的根源。因而,他设想了"非压抑性文明",这种文明的特点是:工作转变为消遣,性欲升华为爱欲。这样,"整个身体都成了力比多贯注的对象,成了可以享受的东西,成了快乐的工具"①。这样,马尔库塞通过对爱欲压抑论的批判,提出了自己的乌托邦:爱欲解放论。这一论断明显和马克思在《巴黎手稿》中表达的人的全面发展思想具有某些一致性。

弗罗姆和马尔库塞一起被称为"弗洛伊德主义的马克思主义",他从分析法西斯主义入手来展开他的心理分析和文化批判,写出了《逃避自由》这部名著。他认为,人具有享受和追求自由的本能,但是当自由产生孤独、焦虑、不安的状况时,人们反而产生了放弃责任、逃避自由的倾向。他认为如果人类个人化过程所依赖的经济,社会与政治环境(条件),不能作为实现个人化的基础,而同时人们又已失去了给予他们安全的那些关系(束缚),那么这种脱节的现象将使得自由成为一项不能忍受的负担。于是自由就变成为和怀疑相同的东西,也表示一种没有意义和方向的生活。这时,便产生了有力的倾向,想要逃避这种自由,屈服于某人的权威下,或与他人及世界建立某种关系,使他可以解脱不安之感,虽然这种屈服或关系会剥夺了他的自由。② 这种逃避自由的心理机制会导致极权主义的施虐狂和受虐狂性格、攻击性和破坏性、随波逐流的从众心态等后果,很明显,法西斯主义之所以能蛊惑人心,其

---

① [美]马尔库塞:《爱欲与文明——对弗洛伊德思想的哲学探讨》,黄勇、薛民译,上海译文出版社1987年版,第147页。
② [美]佛洛姆:《逃避自由》,译,北方文艺出版社1987年版,第13页。

内在的心理根源即在于此。为了批判和超越这种异化的心理状态,弗罗姆提出了"自发性的爱和工作"的口号。他还在另外两部著作《追寻自我》(又译《自为的人》)和《健全的社会》中提出了乌托邦式的社会理想,他说:"精神健康的人是创造的和没有异化的人;他使自身与世界建立起友爱的联系,运用他的理性去客观地把握现实;他感到自己是一个独一无二的个体,同时又觉得跟他人是一体的;他不屈从于非理性的权威,而是自愿地接受良心和理性的合理性权威;只要他生存着,他就会不断地发展自身,他把生命的赠予看作是他最宝贵的机会。"①

西方马克思主义的文化批判思潮除了法兰克福学派以外,还有以萨特等人为代表的存在主义马克思主义思潮、东欧新马克思主义的人道的社会主义思潮,以及20世纪70年代以后的新马克思主义思潮,比如文化的马克思主义、女权主义的马克思主义、国家批判理论、后马克思主义等,其都对西方社会的文化处境做出了非常卓越的理论批判。这些流派一方面坚持了马克思"对现存的一切进行无情的批判"的基本立场,另一方面对20世纪各种有影响的文化批判思潮都展开了积极对话,并积极吸收其理论精华。马克思实践哲学和异化理论的批判精神和现代西方文化批判理论共同成为西方马克思主义的主要理论资源,奠定了西方马克思主义的厚重的理论基础,具有非常深刻和全面的特点。

从马克思主义到西方马克思主义的这种"哲学转折"不能简单

①　[美]弗洛姆:《健全的社会》,欧阳谦译,中国文联出版公司1988年版,第278页。

地看作是脱离实践退回到理论思辨，而要理解这种转变发生的历史背景。我们不能固守马克思、恩格斯提出的以经济运动和政治运动为核心的革命观，而忽略了 20 世纪发达社会的阶级结构、社会构成的变化，尤其是思想文化领域的变化。在从实践哲学到文化哲学的转向过程中，我们看到了马克思实践哲学的构想和关于人的理解的进一步丰富。西方马克思主义的文化批判由于以马克思的异化理论为根基，因此在批判主题上更为全面和集中，在理论上更为深刻。针对现代人的普遍的文化困境，西方马克思主义者超越传统的阶级分析和政治革命的视野。在文化批判理论中处处体现出发自人的生存本性的超越性意识、开放式的批判精神、沉重的历史责任感、执着的人文关怀，使得它比一般的经济政治理论更具有深刻的现实感和穿透力。

三、20 世纪文化哲学的理论特点

在什么意义上理解文化哲学，是文化哲学研究面临的一个重要问题，目前在文化哲学的旗帜下集合了无数差异颇大的理论学说，文化学、人类学、文艺学、历史学等领域的研究都被"非反思"地冠以文化哲学的名义，而文化哲学的真正理论边界却十分模糊，很难规范文化哲学的具体规定性。那么，如何确定文化哲学的理论定位呢？我们可以从以下两个方面来理解和把握文化哲学。

其一，文化哲学是对文化的内在精神的一种"总体性"反思。文化哲学不是关于文化现象非反思的、一般的描述，而是关于对各种文化现象内在的文化精神和文化模式的理性反思。文化哲学是一种与理性主义哲学相对的思维方式，是对文化的形上意义及思维方式进行专门的研究。诚然,我们在文化领域截取任何一个片段,都可以对之进行文化研究,但是,并非所有关于文化现象的研究都属于文化哲学。关于各种文化现象的描述和研究不能直接成为文化哲学研究的对象,只有自觉地指向人的长期稳定的文化精神或文化模式的研究,才属于文化哲学的范畴。

其二,文化哲学是贯穿于整个哲学内部的一种内在的哲学范式。"哲学范式就是指哲学理性分析、反思和批判活动的最基本的方式和路数。"①文化哲学并不是一种独立于其他哲学学科或分支领域的特殊的哲学研究领域,而是贯穿于或渗透于所有哲学领域之中的哲学视野或哲学境界。② 同宗教哲学、道德哲学、科技哲学、经济哲学、历史哲学、政治哲学等哲学研究领域有所不同,文化哲学的研究对象有其特殊性。作为文化哲学研究对象的文化模式或文化精神则不是一种独立的现象,而是内在于个体生存各个方面,内在于政治、经济等社会活动各个层面的"内在逻辑"或"隐含逻辑"。因此文化哲学不是一种特殊的部门哲学,而是哲学研究各个领域均可以选择的理论范式、"致思理路"和历史解释模式。

现代文化哲学秉承实践哲学的价值追求,结合当代的历史进程和人的生存境遇,将实践哲学所体现的现代工业文明的深层文化精神(技术理性和人本精神)和深刻批判意识,运用到现实生活世界的文化精神反思、批判和建构之中,关注现代人的命运和现代化进程。文化哲学在当代的哲学反思中体现出三个基本特征。

---

① 衣俊卿:《文化哲学:一种新的哲学范式》,载《江海学刊》2000年第1期。
② 衣俊卿:《文化哲学——理论理性和实践理性交汇处的文化批判》,云南人民出版社2001年版,第12页。

(一)回归生活世界:文化哲学的价值取向

要真正实现文化转型、促生现代化的文化精神和文化模式,必须超越传统哲学的纯粹思辨的理论范式,发挥哲学理性在建构现代文化模式和文化精神中的主导作用。而文化哲学最明确、最自觉、最强烈地提出回归生活世界的要求,最能代表哲学理性对生活世界的内在启蒙或内在教化方式。同其他现代西方哲学一样,文化哲学致力于超越传统哲学的纯形而上的理性思辨的维度,所不同的是,文化哲学在回归生活世界时,并没有把理性的目光投放到生活世界的某一具体的侧面,而是聚焦到整个人类的生活世界,是对后者的总体性把握和观照,并在最基本的文化层面上深层制约和左右人的活动和社会运动。当哲学理性回归生活世界时,就是回归人本身,就是回归文化,成为自觉的文化批判精神。

生活世界理论比较有代表性的倡导者是胡塞尔,在他的晚期思想中,生活世界作为奠定理性认识自明性的概念,被看作一个哲学的普遍问题,"我们重新开始,纯粹从自然的世界生活出发,提出关于世界是如何预先给予的问题。这个世界的预先给予问题,我们首先是按照它从自然的态度中非常清楚地呈现的那样来理解"①。在这里,从自然经验出发成为胡塞尔后期哲学的一个前提和途径,这明显不同于他早期的悬置和还原方法,虽然他早期思想中的很多成分都依然保留着。他向生活世界的回归是为了反对客观主义,后者来自近代科学的理性化思维模式,正是这种模式导致

---

① [德]胡塞尔:《欧洲科学的危机与超越论的现象学》,王炳文译,商务印书馆2001年版,第186页。

了现代的科学危机。张祥龙认为,胡塞尔生活世界概念的特点是:1. 在先性或先天的不可避免性;2. 本源性,即一切意义的发源处;3. 纯经验的构成性,永远向未来敞开;4. 因此,它是"相对的";5. 境域性;6. 主体性。这世界是"我的"或者"我们的"世界,通过我和我们的共同视野而构成。这几个特点恰恰说明了人所生存的不是自然世界,而是一个文化的生活世界。这个文化的生活世界是在实践过程的塑造之中产生的,是意义的发源地,是属人的世界。

法兰克福学派的生活世界理论可以通过哈贝马斯的思想展现出来,他是法兰克福学派第二代的中坚力量。他从交往行为理论(也译成交往行动理论)的立场上分析了生活世界这一概念。他说:"行动状况构成参与者生活世界的中心;行动状况具有一种运动的视野,因为它是通过生活世界的复杂性表现出来的。在一定方式下,生活世界,即交往参与者所属的生活世界,始终是现实的;但是只是这种生活世界构成了一种现实的活动的背景。"①生活世界分成三大成分:文化、社会、个人,是人类进行交往和沟通的前提,是人的实践活动的一个必不可少的背景和条件,这种背景和条件就是人类文化模式本身。生活世界既是交往的前提,也是交往的结果,通过人的实践活动和交往活动不断地再生产出来。这种解释和胡塞尔的意识哲学背景的解释不尽相同,但是相通之处就在于对文化本身在人的生存之中的意义的重视。

生活世界是当代文化哲学生存和发展的居所,回归生活世界

---

① ［德］哈贝马斯:《交往行动理论·第二卷——论功能主义理性批判》,洪佩郁、蔺青译,重庆出版社1994年版,第171页。

是现代哲学的重要导向。自然科学的理论范式完全支配了传统理论哲学的思维范式,导致人类生活的意义和价值问题被遮蔽。所以,人类存在要重新恢复意义,消除文化危机,就需要摆脱人文科学、人类生活的自然科学化。现代哲学向生活世界回归,哲学开始把目光专注于人的现实交往与生存、专注于创造价值和意义的生活世界;在文化中重建反思的、批判性的理性活动和文化精神。作为新的哲学思维范式的文化哲学,把生活世界当作人的实践活动的意义结构和文化结构。文化哲学对生活世界的关注为我们深刻开展现代文化危机和人的文化困境的批判和重建提供了重要的途径。

现代哲学家们超越了思维和存在的二元对立,开始在人的现实的生存活动中理解思维、存在及二者的关系。思维、存在及其相互关系并不是抽象的、固定的超验概念,而是在人的生存活动中的显现。人与世界的关系正是在人的生存活动中现实地生成和展开的。因而,哲学不再寻求世界背后的本体,也不再考察人的认识,而是面向人的生存,反思和追问人的生存方式,这就是现代哲学的生存论转向。从实践哲学向文化哲学的转化,呼应了这一生存论转向。文化哲学的范式超越了本体论和认识论的思维方式,使哲学具有了彻底的生存论内涵,为哲学的进一步发展提供了新的生长点。文化哲学的真实意义不在于提出某些具体的哲学观点,完善或更新了原有的哲学体系,而在于它蕴含着新的哲学理念,实现了哲学的范式变革。

（二）文化批判:文化哲学的基本特征

文化批判和意识形态批判继承了马克思的批判精神,成为文化哲学的基本特征。马克思首要关切的不是理性逻辑而是人类命运,他终生为之奋斗和献身的目标是人类的自由解放和全面发展。马克思明确把自己的使命归结为"对现存的一切进行无情的批判"。马克思学说最本质的内容是以人的实践为核心的、历史的和批判性的文化精神。它超越了传统哲学的"形而上学",不再从人的存在之外寻找人的生存的根据,不再把历史看作自然进程,而是人的存在活动的展开与生成,一种展示和创造生存的意义和价值的开放的过程。没有批判,也就没有人类的实践。马克思学说的批判锋芒使他的思想成为 20 世纪的新马克思主义、存在主义等文化批判思潮的重要理论依据,同时也对 20 世纪现代工业文明的自我批判和自我修正产生了深刻的影响。可以说,正是马克思学说的这种基于实践之超越本性的历史性和实践性的文化批判精神,在最基本的理论定位上规定了西方马克思主义的批判指向。

霍克海默表述了批判理论的特色和任务。他说:"在批判理论影响下出现的概念是对现在的批判。马克思主义的阶级、剥削、剩余价值、利润、贫困化及崩溃范畴是概念整体的组成部分,而这个整体的意义不应在对当代社会的维护活动中寻找,而应在把当代社会转变成一种正义社会的活动中寻找。"①传统理论是非批判的,而批判理论的意义正在于对现存的批判。霍克海默所说的批判理论不同于马克思的经典批判理论的地方,就在于它是对当代西方社会的资本主义新阶段的批判,而且是文化意义上的批判。法兰克福学派的意识形态批判、技术理性批判、大众文化和文化工业批

---

① [德]霍克海默:《批判理论》,李小兵等译,重庆出版社 1989 年版,第 208 页。

判、心理机制和性格结构批判等方面,都是在文化领域内发生、以反抗现存文化模式为特点的。

阿多诺把批判理论表述为"否定的辩证法",这一思想的基础是对哲学的深层批判。这一思路的独特之处使他的著作实际上成为法兰克福学派批判理论的深层的哲学基础。这一工作集中在对黑格尔、康德、实证主义、存在主义等众多西方哲学流派的哲学批判上。它的核心思想是反对同一性,提倡非同一性,鼓吹"彻底否定"。他用激进的语言说,辩证法是"瓦解的逻辑","瓦解认识主体首先直接面对的概念的、准备好的和对象化的形式"。[①] 这种极端的表述方式表明了和一切现存的固定化、齐一化的思维方式的决裂。他的否定的辩证法思想虽然费解,但是他用这种晦涩难懂的语言表明了一种对旧有思维的彻底批判,把马克思主义的批判否定的精神推向了极端。

以卢卡奇和葛兰西为代表的早期西方马克思主义和第二次世界大战后的新马克思主义在基本理论定位和价值取向上是一致的,都属于文化批判。二者的差别在于:早期西方马克思主义代表人物把主要精力依旧放在阶级的意识形态上,强调意识革命和争夺文化或意识形态的领导权,其落脚点还是无产阶级革命的完成。而第二次世界大战后的新马克思主义者则逐步把批判视野从阶级的意识形态转向全社会普遍的文化境遇上。西方马克思主义文化批判理论前后期的这种变化,深刻体现了 20 世纪的普遍文化困境。现代社会除了阶级和阶层的对立与矛盾外,又增添了人类共

---

① Adorno. *Negative Dialectics*. Routlege,1973,p.145.

同文化境遇所引发的普遍文化焦虑和文化危机。物化、异化和精神控制的范围扩大了。弗罗姆认为马克思低估了异化的力量和异化的持久性。"历史在马克思的异化概念中只作了一个更正。马克思相信,工人阶级是最异化的阶级,因此从异化中解放出来必然要从工人阶级的解放开始。马克思的确没有预见到异化已经变成为大多数人的命运,特别是那部分人数愈来愈多的居民的命运,这部分人主要不是与机器打交道,而是与符号和人打交道。说起来,职员、商人和行政官吏在今天的异化程度,甚至超过熟练的手工劳动者的程度。"①

文化批判是西方马克思主义始终如一坚持的理论聚焦点,即使在20世纪60年代末青年造反运动终结后,一些依旧活跃的西方马克思主义代表人物也没有放弃文化批判基本立场。例如哈贝马斯不仅通过合法性危机等问题研究,在晚期资本主义时期从新的角度修正并继续发扬法兰克福学派的社会批判传统,而且还通过捍卫现代性而与后现代主义展开了直接的文化批判对话。此外一些被人们称为"后现代马克思主义"或"后马克思主义"的理论流派,如生态学的马克思主义、女权主义的马克思主义等,也从一些边缘性话语领域展开具有西方马克思主义背景和传统的文化批判。

后现代主义思潮的代表德里达、福柯、利奥塔德等人从根本上说也是对资本主义文化进行激进批判的代表。后现代主义者和法

---

① 复旦大学哲学系现代西方哲学研究室:《西方学者论〈1844年经济学—哲学手稿〉》,复旦大学出版社1983年版,第67~68页。

兰克福学派的某些代表人物,如阿多诺之间的关系是非常密切的,他们有着理论上的一致性。后现代主义把文化危机的根源追溯到17世纪现代文化产生的初期,认为问题的最终根源就在现代性本身。所以他们思想的核心就是从根本上对现代性叙事模式进行拆解。这种文化批判走到极端的表现似乎宣告了文化哲学即将完结。但是现代性文化是否会被超越,这还是一个大问题,尤其是对于中国这样还没有完全脱离前现代文化的国家。毋宁说,后现代主义文化批判是现代性自身的自我反思,也许,我们还是要回到哈贝马斯的著名论断中去:"现代性是一个未完成的计划。"从马克思主义哲学的角度来看,人类解放本身就是现代性的叙事。现代性不是人随心所欲就可以驱除的,而只有立足于实践,进行立足于历史和现实、立足于人的具体生存境遇的文化批判才能真正完成反思和扬弃现代性的任务。这才是文化哲学应有的理论走向和批判态度。

（三）凸显人的意义与价值:文化哲学的理性追求

人们在研究哲学的演化和发展时,常把注意力放到每一文明时代的主要哲学问题和基本哲学派别上,实际上,作为哲学理性分析、反思和批判活动的最基本的方式和路数的哲学范式具有更为重要、更为深刻的意义。文化哲学范式作为一种新的哲学范式,和其他哲学范式的最大不同是在当今时代凸显了人的意义和价值。

人的意义和价值是近代以来哲学的核心问题或核心精神,为什么说只有文化哲学才能在当今时代凸显人的意义和价值呢?这是因为以往哲学都是利用理论思辨的方式来论证人的高贵、精神的至上性。但是现代社会使人面临着前所未有的危机,这种危机是以往的哲学范式所无法解释或者无法涵盖的。我们可以到德国古典哲学中去寻找对人的道德实践的论述，但是无法从里面得到对现代人的日常生活以及生存境遇的关注。这一维度只有在文化哲学的观照之下才能得以澄明。同样，传统理论哲学基本属于"宏大叙事"，近代哲学对人的主体性和自由本质的说明也基本上奠基于对人类整体的说明上，而很少关注个体的生存境遇和日常生活模式，现代西方人本哲学的精神恰恰是要拒绝宏大叙事，关注个体的生存境遇，而这也是20世纪文化哲学的一个重要特点。

关注人的价值和意义的文化哲学范式与以往的意识哲学或理论哲学的范式针锋相对。后者往往从人类整体着眼，导致对个体生存的忽视；往往从文化的大传统着眼，导致对日常生活的忽视；往往从时代的宏观架构着眼，而忽视人的感性生存和情绪状态；往往从论证人的正面能力着眼，而忽视对人的异化进行批判。而这些缺陷正好为现代文化哲学所弥补。文化哲学对人的意义和价值的关注正是体现在这些为传统哲学所忽视的地方。

笔者认为，马克思主义文化哲学应该建构在上述特征之上，突出体现现代化进程的主导性文化精神，以达到科学精神和人本精神的重新统一、"实践智慧"和"创制知识"的高度整合、技术理性和价值理性的合理融合。这既是马克思主义实践哲学的基本理论内涵，也是马克思主义文化哲学的内在精神。马克思主义文化哲学正是建立在马克思主义实践哲学和西方文化哲学基础之上的深层理论思考。

第三章　文化哲学：
实践哲学的新形态

从马克思主义实践哲学到马克思主义文化哲学的转变，是哲学视角的转换。这一转换是在 20 世纪人类思想发展的趋势和背景下发生的，笔者在本章将论述马克思主义文化哲学作为实践哲学在当代的展开形态、逻辑理由、理论要素，以及文化哲学建构的宗旨和原则。

第一节　马克思实践哲学的文化哲学意蕴

我们现在为什么要用文化哲学的表述来"替代"实践哲学的表述？换言之，在当前学界纷纷对马克思主义理论进行多角度的解释和建构的背景下，为什么要特别提出马克思主义文化哲学这一概念来规定新形势下的实践哲学呢？这就要深入理解文化概念在实践哲学中的地位和意义，理解文化哲学在哪些方面、什么意义上丰富和彰显了实践哲学，以及和实践哲学相比，这一表述带给了我们什么新的启示和新的认识。

我们可以说，马克思实践哲学体现了现代工业文明的理性主义精神，这从他对传统农业文明的社会关系和文化模式的批判、对资产阶级在历史上的革命作用的充分肯定、关于大工业和科学是"人的本质力量的公开展示"的断言等不难看出。但是,我们又不能断言马克思主义的学说完全等同于启蒙时代以来的理性主义文化精神。实际上,马克思的思想同时包含着对工业文明的社会机制和理性精神的深刻批判,如关于对资本主义"社会经济形态"的盲目的运动所导致的经济危机的分析、关于劳动异化的批判等,使他的思想成为20世纪的新马克思主义、存在主义等文化批判思潮的重要理论依据,同时也对20世纪现代工业文明的自我批判和自我修正产生了深刻的影响。

因此,马克思实践哲学不是简单的对启蒙思想的重复和辩护,而是一种对启蒙思想的文化解读和文化反思,这种文化解读和文化反思使得马克思主义的精神从19世纪延续到20世纪,在文化自觉和对发达资本主义进行文化批判的背景下进行的理论创新,所以说,马克思主义哲学也是一种20世纪的文化哲学。

一、文化与自由

文化的本质和核心是人的自由活动。文化和自由的内在关联建立在人的意义与价值尺度上,而人的意义与价值的确证来自实践。人的实践可以从理想与现实两个维度进行考察。人的自由解放和全面发展是实践的理想维度和目标,实践哲学本身的目的论尺度使得共产主义成为人的全面发展的同义语,这个终极目标表明了文化和自由的内在联系。实践的此岸性、现实性和彼岸性、理想性之间并无不可逾越的鸿沟。

对自由的寻求来自人对自我地位和类本质的认识。在青年马克思的思想之中,他的主要关注对象是感性的人及其对象化的实践活动。马克思反对从上帝或大自然等外在的视野来理解人,而主张"人的根本就是人本身"。诚然,马克思并不否认"外部自然界的优先地位",但是,他强调指出,人的超越性的、开放性的、自由自觉的实践活动固然是人的存在的本质特征,更是人生活于其中的世界,包括自然、人类社会和人类历史的现实基础:"这种活动、这种连续不断的感性劳动和创造、这种生产,正是整个现存的感性世界的基础。"①人的实践活动及其对象化的世界正是一个文化世界,文化的本质是自由,它需要我们具有不同于自然科学的独特的人文慧眼去加以洞察。

文化的本质是自由,这不仅仅是一个实然命题,更是一个应然命题。从前者的角度来说,人的实践和文化活动使得自己与遵从盲目必然性的动物王国相分离,从后者的角度来说,人的实践和文化活动最终必将扬弃异化,达到全面发展。马克思说:"人以一种全面的方式,也就是说,作为一个完整的人,占有自己的全面的本质。人同世界的任何一种**人的**关系——视觉、听觉、嗅觉、味觉、触觉、思维、直观、感觉、愿望、活动、爱,——总之,他的个体的一切器官,正象在形式上直接是社会的器官的那些器官一样,通过自己的**对象性**关系,即通过自己**同对象的关系**而占有对象。对**人的**现实性的占有,它同对象的关系,是**人的现实性的实现**,是人的**能动**和人的**受动**,因为按人的含义来理解的受动,是人的一种自我享

----

① 《马克思恩格斯选集》(第 1 卷),人民出版社 1995 年版,第 77 页。

受。"①这里表述的就是马克思著名的人的全面发展思想。马克思认为,人的全面发展是一个文化的目标,人的自由体现在持续不断的自我否定、自我扬弃的基础之上。这个否定和扬弃的过程以人的生存、人的日常生活世界为基础,本身就是一种文化批判的过程。

　　文化作为自然和本能的对立面、作为人所特有的生存方式,其最本质的规定性就体现为人的自由对自然和本能的扬弃和超越。人区别于动物和其他自然存在物的最根本的特征,就是人的活动所特有的超越性、创造性、自由性和自觉性。在这种意义上,文化就是自由,它所代表的人对自然的超越的维度或者自由和创造性的维度,是人这个特殊的类的生存基础。康德把自然律和道德律视作人最为敬畏的两种存在,而且把道德律放在优先于自然律的位置上,就是在根本上承认人的自由的至上性质。人的自由也在于,人作为一个个体可以选择自己的生存方式,可以选择自由的生存,也可以选择动物性的生存,即选择不自由,选择道德上的恶,但是不论如何进行选择,他的选择总要以文化的特性体现出来。例如,古希腊的犬儒主义者模仿动物的行为可以是一种文化,而动物的自然行为却不能称为文化,因为犬儒主义者可以为自己的行为找到一种思想性的主张,他可以为自己的模仿做一个文化上的辩护。当代的绿色和平组织和自然保护主义者呼吁与自然和平相处、保护自然环境,其立论的基础依然是文化的而不是自然的,依然是人的自由选择的结果。

――――――――――

　　①　《马克思恩格斯全集》(第42卷),人民出版社1979年版,第123~124页。

　　文化哲学肯定人的实践和历史运动中充满了各种制约性、必然性的因素,但是,这些因素的作用是通过人的价值选择机制和文化创造机制来实现的。人不是简单地服从自然法则,实际上,人通过自己的活动改变或控制自然法则。技术、政治、经济等社会变革的速率不是固定的,不是由固定的法则或规律决定的,人的实践可以起到加速或者减速的作用。因此可以说,历史上的法则和自由是等同的,人对自然法则的抵抗说明存在着选择的自由和文化的创造力。

　　虽说直到现代,哲学才把文化当作自觉研究的对象,但哲学与文化的关联却是本质性的,哲学代表着人类的文化精神或文化模式。在这一点上,古今中外的哲学概莫能外,所不同的是,传统哲学往往没有达到深层的、全面的文化自觉,而现代哲学超越了对文化的不自觉观照。具体说,特定的文化模式会影响哲学的内涵或视野,而特定的哲学反过来也会规范文化模式,因此,我们可以透过哲学去理解文化模式。文化往往在生活世界中表现为自发的文化模式,而在特定的哲学中表现为自觉的文化精神。这样一来,当哲学理性在文化的层面上回归生活世界时,它就实现了哲学范式的根本性转变,建立起哲学理性的形而上的反思同实证的文化批判之间的本质关联。具体说来,文化哲学不是用一种独断的哲学理性外在地审视文化现象的结果,它是人的生存模式的自我启蒙、自觉显现和深层反思。

　　从这个角度看,马克思的实践哲学内在地包含文化哲学的维度,而这种文化哲学维度可能在逻辑上展开,成为关于人类自由的文化思考。马克思对人的自由的探讨是原则性的,具有丰富的可阐释性。文化哲学的阐释方式关注的是实践的内在特性,它使人的视野集中在实践的深层模式,即日常生活世界,从而提炼出对这种人类行为深层模式的解释。

二、文化与自然

文化的结果是自然的人化,以及人与自然的分离和重新统一。在通常的理解中,文化与自然是相反的两种力量。人类的历史发展历程正是一个人的实践和文化逐渐脱离自然、与自然对立的过程。但是,随着生态危机、环境恶化、世界大战、可持续发展等等一系列问题被人所关注。人们开始重新考虑人与自然的关系问题,在这样的历史环境下,我们再回头审视青年马克思的洞见,会深入地体会到文化与自然在实践本体论基础上的一致性。

马克思指出,人的实践使得自在自然变成了人化自然。旧唯物主义的自然本体论所论述的自然界是抽象的、孤立的、与人分离的自然界,这对人说来也是无。和人的文化分离的自然,是对人来讲毫无意义的自然。这样的自然和人的实践是相互外化的。文化是属人的世界,它把自然变为自身内部的一个环节。人化自然可能存在着异化的状态,就是人和自然互相对立、互相伤害的状态,但是文化哲学内部的批判力量召唤的是人和自然在文化基础上的和谐。这种和谐与科学发展不是相互对立的,而是建立在科学发展的基础之上,不会采取人与自然外在对立的方式,可以最大程度地避免人对自然的破坏。在这样的前提下,文化和自然之间的对立被扬弃了。这种状态不能仅仅是一个乌托邦理想,它同时也有着现实性。

　　人们总是向往中国古代哲人所描述的"天人合一"的美妙画卷,有人一厢情愿地认为东方文化可以拯救世界的生态危机和人与人之间的危机。但是古人的天人合一思想只是建立在自在自发的小农经济、自然经济状态基础上的人与自然的原初和谐。历史证明,这种原初的和谐必将被工业文明的异化状态打破。事实上,目前中国环境的恶化早就证明了这一点。中国的环境问题,不是因为现代中国人忘记了老祖宗的宝贵思想,而是中国人的历史发展依然无法摆脱异化受动状态,而且对这种异化受动状态缺乏反思和批判,文化的主体性尚未被意识到。换言之,中国人还处在前现代的文化意识、文化观念向现代文化精神转变的过程之中,在普遍的民族意识层面上,还无法对这种异化受动状态的根源进行深层反思和批判。

　　人的实践活动本身就是文化的活动,它使得"自在之物"变成了"为我之物"和属人世界。这个"为我之物"不仅仅是功利尺度上的,也是生存尺度上的。人的生存和自然的生存应该处在和谐状态之中,发达国家中的人与动物的和谐相处最恰当地证明了人的生存尺度不是排他性的,人的生存不一定以对动物生存的破坏为代价。文化哲学就这样和生态哲学找到了结合点,人的全面发展既是自由的,也是符合自然的,人的生存不仅仅是机械地、被动地符合自然律,另一方面,人的生存也是主动创造美好自然的力量。文化不仅仅是人的文化,也是自然的文化。

　　文化与自然的互相塑造,是马克思实践哲学思想中的一个重要内容。"作为完成了的人道主义"是用人的文化丰富自然界的面貌,使人的实践与自然相协调,达到人的实践活动与自然在高层次上的和谐一致,所以才能等于真正的"自然主义",也就是升华了的自然主义。"作为完成了的自然主义"也不能简单地停留在保护自然,拒绝实践上,而应把人的价值包含在自然的价值体系之中,使二者同时得到实现,所以才能等于真正的"人道主义"。文化和自然是实践活动的两极,二者必然在互动的张力之中得到重新统一,而这种两极的丰富互动和重新统一,也将在文化哲学的视野中得到具体的、充分的显现。

三、文化与历史

文化是历史的存在,文化模式不是超时空的、一成不变的固定存在物,而是具有历史性的存在物。人生活在历史之中,历史的生成过程本身就是文化的生成过程。因此,文化概念同样具有历史尺度。人的自由属性和自然属性最终统一在人的历史进程之中,换言之,人的本质是由历史生成的,人的文化也是通过历史生成的。这种生成过程建立在具体文化模式的基础之上。文化哲学主张回归人的具体的生活世界,探讨不同民族、不同文化的具体的生存结构和观念体系,其所具有的强烈的现实关怀,使它的历史观不同于传统的单线的、普遍的、"放之四海而皆准"的决定论历史观。因此,文化哲学本身也是一种重要的社会历史理论,一种解释历史的角度,这种角度正是马克思所揭示了的。

人类对于自身历史发展的规律的发现相对于对自然规律的探寻是晚近的事情。因为人类活动表面的偶然特性和思想在人类活动中的作用,也由于人们长期轻视为生存而进行的生产活动,唯心主义的历史观长期占据统治地位。在唯物史观出现之前,人们都把历史发展的动力看作是离开人类物质活动的精神或者意志。马克思和恩格斯所创立的唯物史观以人类的物质生产实践为基础,寻找物质性的支配力量和普遍规律。恩格斯说:"正像达尔文发现有机界的发展规律一样,马克思发现了人类历史的发展规律,即历来为繁芜丛杂的意识形态所掩盖着的一个简单事实:人们首先必须吃、喝、住、穿,然后才能从事政治、科学、艺术、宗教等等;所以,直接的物质的生活资料的生产,从而一个民族或一个时代的一定的经济发展阶段,便构成基础,人们的国家设施、法的观点、艺术以至宗教观念,就是从这个基础上发展起来的,因而,也必须由这个基础来解释,而不是像过去那样做得相反。"[①]唯物史观的确立对于人类的历史认识的确具有重大的意义,它一方面把历史奠定在人所特有的实践活动的基础上,另一方面强调人类历史服从于内在的规律。然而,我们关于历史的认识不能停留于这样的一般性结论上,实际上,即使我们接受了唯物史观这一基本前提,也还是包含着关于历史的不同解释的可能性。

马克思本人虽然重视生产方式运动的内在规律,但是并不主张把人的实践活动和生产方式的运动抽象化为单一的、普遍的、类似自然界的线性决定的过程。马克思在晚年人类学笔记及其相关通信中,基于东方社会所特有的以土地共有、集体村社、专制国家等为特征的亚细亚生产方式,探讨了东方"跨越卡夫丁峡谷"的独特道路的可能性问题。马克思在做出这一论断时,实际上并不是单纯依赖生产力和生产关系等决定性因素来说明历史,而是从具

---

① 《马克思恩格斯选集》(第3卷),人民出版社1995年版,第776页。

体的民族历史道路出发,探讨了历史的差异性,并且引入了文化价值内涵。各个民族的社会结构和文化模式都具有重大差别,欧洲各民族和亚洲各民族所走过的历史道路应该有相当大的差异。这种差异对于唯物史观来说是非常重要的,如果不考虑这种差异,马克思的唯物史观依然是一种单纯决定论的普遍历史观。这种关注民族差异的理论思路,本身即具有文化哲学的内涵。因为从文化哲学的角度探讨历史,必然关注各个民族和文化的历史演进,而不再采取那种"超越具体时空的"单一的历史决定论模式。

鉴于马克思主义哲学体系的提出和确立曾经受自然科学发展的强烈影响。我们是采取"自然科学化"的意识哲学范式,还是采取回归生活世界的文化哲学范式来解读历史,其中的差异是不容忽视的。苏联式的马克思主义哲学教科书关于历史规律的认识,在很大程度上属于"自然科学化"的旧的意识哲学的范式。人们习惯拘泥于马克思中期思想中提出的人类历史演进的几个阶段的说法,由此形成一种强调"铁的必然规律"的历史决定论模式。人类历史发展规律被完全等同于自然科学的因果必然性和普遍化的线性决定论,其结果是不自觉地否定了人类历史发展的多样化、个别性、差异性及其价值内涵,从而把人类历史也变成了远离生活世界、外在于人们生活的必然进程。这实际上又回到了马克思所批判的传统历史观的立场上去了。马克思和恩格斯在《德意志意识形态》中谈到现实的生活生产时指出,"迄今为止的一切历史观不是完全忽视了历史的这一现实基础,就是把它仅仅看成与历史过程没有任何联系的附带因素。因此,历史总是遵照在它之外的某种尺度来编写的;现实的生活生产被看成是某种非历史的东西,而历史的东西则被看成是某种脱离日常生活的东西(注:黑体字为笔者所强调),某种处于世界之外和超乎世界之上的东西"①。历史既然不是脱离日常生活的,就必然体现出文化模式的差异来。只要从这个立场上前进一步,就必然导致对多样性文化模式的研究。我们在今天重新探讨马克思的晚年理论探索,就是要克服那种过分强调单一的历史演进模式和"铁的必然规律"的狭隘决定论。

要克服上述误区,还历史本来的丰富多样的内涵,应当回到人类实践活动的深层结构即日常生活的深层结构上,而这种深层结构正是文化的结构。所以,文化哲学并没有用类似自然科学的普遍化的方法去剪裁人的实践活动,它反对把历史的内涵简单化地归结为生产方式、经济、技术等几个决定性的因素,更反对运用几个决定性因素把历史描绘成一种类似自然的线性决定过程。文化哲学充分肯定历史的多样化内涵,肯定历史发展的多样化道路,把探究的视野从经济、技术等几个关键性因素扩展到政治、文化、价值和日常生活的诸多历史因素。

历史是人的实践活动的各个维度的全面展开的过程,单一的因素无论如何重要,都不可能独自决定历史的全部内涵和命运。不仅国家、社会机构等在一定的历史条件下会走向异化,即使人们反复歌颂的科学技术和生产力也不会无条件地表现为革命的和创新的力量。马克思和恩格斯在《德意志意识形态》中曾讨论了生产力的异化问题,指出,"生产力在其发展的过程中达到这样的阶段,在这个阶段上产生出来的生产力和交往手段在现存关系下只能造

---

① 《马克思恩格斯选集》(第1卷),人民出版社1995年版,第93页。

成灾难,这种生产力已经不是生产的力量,而是破坏的力量(机器和货币)"。① 因此,我们不仅要关注历史的多维的因素和丰富的内涵,还要特别防止孤立地分析其中的某种因素。在分析特定社会的政治、经济、技术发展时,我们要特别透视其内在的文化内涵,对人的实践和历史的丰富的文化内涵进行总体性把握。

文化哲学的理解模式和历史唯物主义的理解模式并不冲突,但是侧重点不同。马克思主义的文化概念是立足于实践哲学基础上的文化概念。文化是核心,政治制度和经济制度都以文化为它们的精神内核。文化哲学把一个民族或国家作为一个文化共同体来加以描述,这个文化共同体的核心是精神层面的文化思想体系,制度层面被视为文化思想的衍生物。而历史唯物主义是从另外一个角度看待经济、政治和文化的关系,它重视经济领域和其他系统之间的基础和派生关系。而过分强调这种基础和派生关系正是决定论的思维方式,第二国际思想家的经济决定论正是过分强调经济基础的决定作用的结果,为了防止这种简化的思维模式的重新出现,文化哲学的探讨方式显得非常必要。

上面笔者从文化与自由、自然、历史三个方面归纳了马克思实践哲学的文化哲学意蕴。总的说来,文化的本质和核心是人的自由活动;文化的结果是自然的人化、人与自然的分离与重新统一;而文化的具体模式是在历史之中生成的,具有多样化的特点,离开了具体的、历史的人类生存模式,文化也就无从谈起。马克思实践哲学在自身的展开过程中凸显出文化哲学的丰富内涵,从文化哲

① 《马克思恩格斯选集》(第1卷),人民出版社1995年版,第90页。

学的角度考察人类实践活动,把对后者的分析聚焦到文化模式和日常生活世界的批判上,正是马克思主义在新时代的生命力的体现之一。

第二节　当代文化哲学对实践哲学思路的拓展

20世纪文化哲学兴起,马克思实践哲学原有的文化精神得到了广泛的呼应和进一步的阐发,对西方现代文化哲学的思考具有强有力的影响。前面笔者已经论述过西方文化人类学和文化哲学在研究人类文化模式的工作上做出的理论贡献,以及对20世纪资本主义文化模式的批判。在这里,笔者主要讨论20世纪的文化哲学对实践哲学的领域有着什么样的开掘和拓展。

一、西方马克思主义文化哲学视野

西方马克思主义的兴起,代表着20世纪现代工业文明下的文化精神的批判维度。马克思于19世纪40年代所提出的实践哲学构想在20世纪焕发出强大的理论生命力和文化感召力。卢卡奇的物化理论、葛兰西的意识形态理论、法兰克福学派的社会批判理论等都把马克思的异化理论发展为工业文明条件下的文化批判理论。可以看出对主体性的弘扬和对自我异化的扬弃是同一个问题的两个侧面,西方马克思主义对这两个方面的批判不同于马克思本人的批判方式,这是因为西方马克思主义者所处的社会环境与马克思的时代相比已经发生了巨大变化。

卢卡奇和葛兰西在阶级意识层面上所做的文化批判,代表着西方马克思主义第一代的理论成果。他们的文化批判是从革命实践的角度做出的,文化哲学只是他们实践哲学理论的副产品。他们立论的时代背景是 20 世纪的前 20 年,新的科学技术革命还没有完成,物化现象的表现主要在新的管理技术如"泰罗制"的实施上。他们关注的阶级意识的形成还要在工人的革命运动中实现。苏联社会主义的建设尚在初期,世界革命的希望还在很大范围内存在。这个时期的文化哲学思考还是从属于阶级革命的,其关注的文化层面主要聚焦于经典马克思主义意义上的工人阶级所面临的生存危机,还没有变为整个社会一切阶级的普遍危机。他们对文化哲学的阐发主要是借用了黑格尔的意识哲学模式,强调总体性范畴在文化"阵地战"中的意义。

法兰克福学派在精神层面和文化层面对资本主义生存方式所做的批判是西方马克思主义第二代的文化批判。这个时代的危机已经全面化了,新科技革命取得了很大进展,尤其是文化工业的发展使得资本主义意识形态的控制已经深入到人的内心,控制的规模和深度都大大增强了。由于马克思《1844 年经济学哲学手稿》等著作的重见天日,文化批判的理论根源普遍以青年马克思不为前人所知的哲学构想为基础,大量吸收西方思想家韦伯、胡塞尔、海德格尔等人为代表的各个哲学流派的文化哲学成果。批判的矛头指向资本主义文化的方方面面,包括控制模式、思想动向、文化工业、心理机制、国家理论,甚至启蒙哲学和现代性本身。这些思想是深层的文化批判,它们不仅仅停留在马克思实践哲学构想之中,而是深入资本主义文化模式的各个方面,虽然不乏浓厚的乌托邦色彩,但是对文化哲学范式的贡献还是很大的。

除了法兰克福学派以外,法国的西方马克思主义流派开拓出了在生存论基础上的文化批判,也就是存在主义的马克思主义,其代表有:萨特、梅洛－庞蒂、列斐伏尔,他们把马克思关于人的理解同存在主义视野结合在一起。萨特在《辨证理性批判》中高度评价了马克思主义,并同样肯定了存在主义的价值,"我们在当时**同时**相信,历史唯物主义对历史作出了唯一合理的解释,存在主义仍然是研究现实的唯一具体的方法"①。他对苏联马克思主义提出批评,认为马克思主义已经停止不前,其原因就是"苏联官僚主义"和工人委员会的消失,他认为这是不民主的表现。② 因此,"马克思主义的开放概念封闭了起来"③。与此相比,"存在主义得以再生并保存下来,因为它重新肯定人的实在性"④。他认为,正是这种对人的排斥,把人从马克思主义的知识中排除出去,才使存在主义思想在认识的历史整体化之外复兴起来,因此他最终肯定,只要把马克思主义和存在主义相结合,就可以断定,"马克思主义非但没有衰竭,而且还十分年轻,几乎是处于童年时代:它才刚刚开始发展"⑤。他主张接受马克思主义对历史的实践解释模式,在此基础上反对苏联的官僚主义,使马克思主义得到丰富和发展。萨特把他的哲学

① [法]萨特:《辨证理性批判》(上册),林骧华、徐和瑾、陈伟丰译,安徽文艺出版社 1998 年版,第 21 页。
② [法]萨特:《辨证理性批判》(上册),林骧华、徐和瑾、陈伟丰译,安徽文艺出版社 1998 年版,第 24 页。
③ [法]萨特:《辨证理性批判》(上册),林骧华、徐和瑾、陈伟丰译,安徽文艺出版社 1998 年版,第 26 页。
④ [法]萨特:《辨证理性批判》(上册),林骧华、徐和瑾、陈伟丰译,安徽文艺出版社 1998 年版,第 27 页。
⑤ [法]萨特:《辨证理性批判》(上册),林骧华、徐和瑾、陈伟丰译,安徽文艺出版社 1998 年版,第 28 页。

的研究方法称作"渐进—逆溯法",他说:"我们把存在主义的研究方法确定为一种逆退—渐进的和综合—分析的方法;同时,这又是一种在客体(它包含作为被等级化的意指的整个时代)和时代(它包含在其整体化中的客体)之间起充实作用的双向往复运动"①。这一方法也被表述为,"在深入了解时代的同时逐渐确定(例如)个人经历,在深入了解个人经历的同时逐渐确定时代"②。萨特从存在主义的立场出发,深入到个体的生存境遇之中,使之同时代互相说明和对照,这种生存论转向来自从克尔凯郭尔到海德格尔的个体本位的生存论传统。萨特把自己结合存在主义和马克思主义的思想体系叫作结构的历史的人类学,这个体系一方面重视历史的和实践的辩证法,一方面,"使个人重新成为当代马克思主义的注意中心"③。这个思路具有浓厚的存在主义特性,但不能不说是具有创造性的。他使得个体生存成为文化批判和实践哲学的一个中心。

法国存在主义马克思主义的另外一个代表人物列斐伏尔开辟了日常生活批判领域,这个思路后来被卢卡奇的弟子,匈牙利哲学家赫勒所延续。这是一种从微观角度批判人的生存境遇的思路。列斐伏尔认为,革命只是暂时的历史性、直线性的进步过程,而日

---

① [法]萨特:《辨证理性批判》(上册),林骧华、徐和瑾、陈伟丰译,安徽文艺出版社 1998 年版,第 119 页。

② [法]萨特:《辨证理性批判》(上册),林骧华、徐和瑾、陈伟丰译,安徽文艺出版社 1998 年版,第 109~110 页。

③ [美]宾克莱:《理想的冲突——西方社会中变化着的价值观念》,马元德、陈白澄、王太庆等译,商务印书馆 1983 年版,第 271 页。

常生活却是超历史的永恒的周期轮回①,所以对日常生活进行文化批判的重要性不亚于进行政治革命。列斐伏尔对日常生活的批判经历了几个阶段,首先是一般日常生活批判思路的确立,然后转向对现代日常生活的批判,最后又转入日常生活的后现代生活历史条件与特征。② 他认为,以往的哲学史是遗忘日常生活的历史,他把日常生活批判看作是马克思的异化批判的一种拓展和深化形式。他认为,上层建筑要以日常生活为基础,所以,马克思主义要改造为一种对日常生活结构进行批判的理论。

匈牙利新马克思主义代表人物赫勒撰写了《日常生活》一书,对日常生活进行了理论上的界定。她把日常生活界定为个体的再生产,"如果个体要再生产出社会,他们就必须再生产出作为个体的自身。我们可以把'日常生活'界定为那些同时使社会再生产成为可能的个体再生产要素的集合"③。她的目标是日常生活的人道化,即平等、自由和人道的交往模式,这在文化层面上对马克思的人的全面发展思想做出了重要补充。

现象学社会学家许茨也进行了日常生活的探索,他从交互主体性的角度看待日常生活,他认为,"我的日常生活世界绝不是我个人的世界,而是从一开始就是一个主体间际的世界,是一个我与我的同伴共享的世界,是一个也由其他他人经验和解释的世界,简

① 刘怀玉:《现代性的平庸与神奇——列斐伏尔日常生活批判哲学的文本学解读》,中央编译出版社 2006 年版,第 33 页。
② 刘怀玉:《现代性的平庸与神奇——列斐伏尔日常生活批判哲学的文本学解读》,中央编译出版社 2006 年版,第 44 页。
③ [匈]赫勒:《日常生活》,衣俊卿译,重庆出版社 1990 年版,第 3 页。

而言之,它对于我们所有人来说是一个共同的世界"①。这个思路明显受到海德格尔在《存在与时间》中对存的分析的影响,后者对"存在在世界之中"的种种表现进行分析,用闲谈、好奇、两可、常人等一系列概念对日常生活的平庸和异化进行了批判。

除了哲学界以外,历史学界也注意到了日常生活的重要意义,法国年鉴学派的著名代表人物费尔南德·布罗代尔曾提出著名的长时段的史学研究模式。他把历史时间分为短时段、中时段和长时段,其中短时段主要是具体历史事件,指历史上的革命、战争等突发现象;中时段主要指人口、物价、生产变化等特定周期和结构现象;而长时段最重要,主要指历史上几个世纪中长期不变和变化极慢的现象,如地理气候、生态环境、社会组织、思想传统等等。他认为,相比之下,长时段现象才构成历史的深层结构,构成整个历史发展的基础,对历史进程起着决定性的和根本的作用。这里同样把文化、日常生活等多样化因素在历史演变中的重要作用凸显出来。

西方马克思主义这种"实践即文化"的视角转向意味着批判思维本身的转向,这一转向是在实践的生存论转向的基础上发生的,实践哲学开始关注人的生存,这种对人类生存的关注导致了哲学对日常生活世界的关注,从而开启了文化哲学的思维进路。这与海德格尔等人有着很大的不同,后者的存在哲学与马克思主义的文化哲学在思路上有一定的交集,但是后者毕竟不是在实践的基础上谈论问题,而是仅限于个体生存角度,无法找到从个体生存到

①　[奥]许茨:《社会实在问题》,霍桂桓、索昕译,华夏出版社 2001 年版,第409 页。

人类现实的生存结构的道路,只有马克思主义的文化哲学才能从文化和实践统一的角度,真正地从日常生活世界出发建构对人类生存状况的理解,从而也使生存论视角的哲学思维建立在坚实的基础之上。

二、解释学实践论的文化哲学视域

在实践哲学转向文化哲学解释模式的理论进程中,哲学解释学(也翻译为哲学诠释学或哲学释义学)的实践论对此也做出了巨大贡献。哲学解释学起源于施莱尔·马赫,被狄尔泰所发扬,到伽达默尔使解释学真正成为一种完善的哲学理论。伽达默尔的解释学研究的是解释和理解得以形成和出现的条件、前提,从而达到对于人的世界的理解和解释。伽达默尔认为,理解活动发生在人类生活的一切方面,是人生存的基本方式,理解文本和解释文本不仅是科学深为关切的事情,而且也显然属于人类的整个世界经验。他把人的理解活动看作人类生存的基本方式,把理解作为文化和生活世界必不可少的构成要素和基础。他同样对科学技术侵占人的生活世界进行了批判,而且更进一步反对科学方法在解释学中的应用。伽达默尔认为,应该超越新康德主义关于人文科学和自然科学的方法之争,认为解释学和方法无关,诠释学现象本来就不是一个方法问题。所以很多人认为他的书名《真理与方法》应该解读成"真理反对方法",实际上,解释学也不可能拒绝任何方法,只是对科学方法的唯一性观念提出反驳,并借以维护人文经验和生活世界的在先性。

他认为历史性是理解和解释所必须面对的,所谓历史局限是解释者所无法克服的,历史性内在于解释和文本之中,具体体现在海德格尔所说的理解的前结构。从这个逻辑看来,传统是理解和解释所必不可少的,"效果历史"概念的提出,说明了传统在人类理解的过程中所起到的作用。"表现事件意义的,不是行动者的计划和观点,而是效果历史,效果历史使得历史的各种力成为可认识的"①,效果历史揭示了主体和理解对象之间的相互作用,在这种相互作用中,历史的面貌不再是固定不变的,而是随着人对历史的理解而不断变化。传统就是这样生成的。启蒙运动主张破除一切权威、传统和成见,但是这种破除行为是过火的,"传统和理性之间并不存在这样一种绝对的对立。不管有意识地恢复传统或有意识地创造新传统是怎样有问题的,浪漫主义对'发展了的传统'(die gewachsene Traditionen)的信含——在传统面前,一切理性必须沉默——仍是一样充满了偏见,并且基本上是启蒙运动式的。实际上,传统经常是自由和历史本身的一个要素"②。在接触传统的时候,我们的视界和传统先在的视界产生接触,达成了所谓"视界融合"。他认为启蒙的问题就是把权威和理性不合理地对立起来,解释学挑战了人们对于传统和偏见的观点,对传统和偏见采取认可的态度,发掘了传统和偏见的成因,并对其意义加以阐释,从而挽救了传统和成见的地位。

伽达默尔在解释和理解的基础上走向了实践哲学。他认为,

①　[德]加达默尔:《真理与方法　哲学诠释学的基本特征》(上卷),洪汉鼎译,上海译文出版社2004年版,第268页。
②　[德]加达默尔:《真理与方法　哲学诠释学的基本特征》(上卷),洪汉鼎译,上海译文出版社2004年版,第363页。

实践哲学是解释学的归宿,它把解释、理解和实践联系在一起。在此基础上,伽达默尔重新探讨了亚里士多德的实践哲学。亚里士多德的实践智慧是指向行动的,这就需要某种技艺,"诠释学意识既不研讨技艺的知识又不研讨道德的知识。但是,这两种知识类型都包含我们认为是诠释学中心问题的同一种应用使命"①。这个解释学的中心问题就是人类对世界的理解问题,而理解必然导向实践和人类文化。他认为,解释学的最终目的是要通过解释到达实践,关注当代人文科学的问题。当代的技术统治使得实践智慧正在消失,其结果就是民主的衰亡。解释学的普遍必然性以人在生活世界中的经验为根据。与此相关,他强调解释学经验的重要性,强调解释和理解的文化意义,"我们在一开始就把文化作为所有人都理解的领域,我们分享它,并从而使它增多"②。所以,解释学不仅仅是理解传统,而且也是文化创造和文化的再生产。人类文化扎根于生活世界之中,文化的实践在某种意义上就是解释的实践。这样,伽达默尔从解释和理解的角度出发,拓展和丰富了文化哲学的视野,虽然他的哲学不叫作文化哲学,但是他对新康德主义、狄尔泰、海德格尔等人的批判、继承和发展,使得他的哲学具有文化哲学的意味。

哈贝马斯反对伽达默尔的解释学思想,二者之间产生了一场著名的论战。哈贝马斯提出了交往行为理论,用交往行为理论来

---

① [德]加达默尔:《真理与方法 哲学诠释学的基本特征》(上卷),洪汉鼎译,上海译文出版社 2004 年版,第409 页。

② [德]伽达默尔:《赞美理论——伽达默尔选集》,夏镇平译,上海三联书店 1988 年版,第8 页。

理解生活世界。"为了阐明合理化的生活世界(Lebenswelt)这个复杂的概念,我们将从交往理性概念(Begriff der kommunikativen Rationalität)入手,对生活世界的结构加以研究。"①他区分了交往理性和目的理性,这种区分类似于韦伯对价值合理性和目的合理性的区分。他说:"解释(Interpretation)的核心意义主要在于通过协商对共识的语境加以明确。"②解释也是内在于交往行为的一种必不可少的活动,解释和理解贯穿于交往和实践问题的始终,成为整个哲学和文化的重要问题。

在他看来,所谓世界观就是一种"文化解释系统",通过语言和各种符号达到对世界的理解与解释。他借用皮亚杰的理论,认为人的认知过程是以自我为中心的世界观的"解中心化"③,这个过程是人类所无法抗拒的命运。为此,生活世界的合理化问题显得至关重要,而这种合理性的世界观的结构必须通过对交往行为结构的研究加以阐明。"合理性"和"合理化"概念是哈贝马斯的一个核心概念,这个概念的内涵是和近代哲学的关于"理性"的宏大叙事背道而驰的,因为大写的"理性"概念表达着一种绝对真理和绝对知识,而 20 世纪的哲学家认为,这种绝对真理和绝对知识不能达到,关键的是作为认识主体的人是如何建立起对这个世界的认知方式,以及这种方式的特点如何。哈贝马斯说:"合理

---

① [德]哈贝马斯:《交往行为理论·第一卷——行为合理性与社会合理化》,曹卫东译,上海人民出版社 2004 年版,第 43 页。

② [德]哈贝马斯:《交往行为理论·第一卷——行为合理性与社会合理化》,曹卫东译,上海人民出版社 2004 年版,第 84 页。

③ [德]哈贝马斯:《交往行为理论·第一卷——行为合理性与社会合理化》,曹卫东译,上海人民出版社 2004 年版,第 69 页。

性更多涉及到的是具有语言和行为能力的主体如何才能获得和使用知识,而不是对知识的占有。"①生活世界的合理化涉及的主要是人类获得知识的前提条件和具体方式,实质也就是文化模式的合理化。

哈贝马斯认为,为了使得生活世界合理化,文化传统必须具备如下形式特征:首先,文化传统必须为客观世界、社会世界以及主观世界准备好形式概念,必须满足命题的真实性、规范的正确性、主观的真诚性等要求。其次,文化传统必须与自身保持一种反思关系,即可以自我批判和自我纠正。再次,文化传统必须把它的认知部分和评价部分与特殊的论据重新紧密结合,以便相应的学习过程能够在社会层面上得以制度化。最后,文化传统必须让目的行为能够摆脱通过交往不断更新的沟通命令,以实现至少能够局部地与交往行为区别开来。② 因此,哈贝马斯不同意伽达默尔对于传统的观点,他还是坚守启蒙的立场,强调批判的自我意识和理性,主张传统应该自我批判和自我更新。伽达默尔把传统固定化是错误的,真正的传统在变动之中。面临着批判意识的衰落和技术理性的统治,解释学不应该仅仅固守理解的历史性原则而放弃了思维的批判本性。他认为理性与权威的对立是客观存在的,不能被解释学所取消、替代。伽达默尔把传统作为解释的前提,把传统看作一种不变的权威,而真正的交往行为起到的

---

① [德]哈贝马斯:《交往行为理论·第一卷——行为合理性与社会合理化》,曹卫东译,上海人民出版社 2004 年版,第 8 页。

② [德]哈贝马斯:《交往行为理论·第一卷——行为合理性与社会合理化》,曹卫东译,上海人民出版社 2004 年版,第 70～71 页。

是改变传统和破除权威的作用。二人对传统和权威问题的争论关键在权威是否可以质疑和改变,其实,伽达默尔也不主张传统一成不变,因为在理解和解释过程中的传统肯定是要发生变迁的,比如对孔子思想的解释,从两汉、魏晋到宋明时代,对孔子思想的解释都有差别,关键在于精神的延续性和作为理解背景的传统。伽达默尔在反批评之中申明:权威的基础在于理性的确信,而不是迷信和盲从。① 这说明二者还是有可以沟通的地方的。

哈贝马斯和伽达默尔之间的其他分歧包括:哈贝马斯认为伽达默尔把真理和方法对立起来是错误的,因为他的理论不可能摆脱方法论。哲学解释学本来就是一种方法论,是一种关于理解的方法论。哈贝马斯致力于综合自然科学的分析方法和解释学的理解性方法。哈贝马斯还反对伽达默尔把解释学本体论化,伽达默尔的解释学继承了狄尔泰和海德格尔的传统,具有浓厚的本体论倾向。哈贝马斯认为,解释学和社会历史原则有关,所以是有限度的,它不代表社会历史领域之外的内容。

他还反对伽达默尔把意识形态批判隶属于解释学。解释学只有和意识形态批判相结合才能普遍有效,离开意识形态批判的解释学本身就有变为意识形态的危险。相对于伽达默尔的解释学,哈贝马斯提出了批判解释学,这种理论的目的在于批判和理论的系统化,从而超越单纯强调理解的一般人文解释学。

根据伽达默尔和哈贝马斯二人对解释学实践论的探讨和争

---

① [德]加达默尔:《哲学解释学》,夏镇平、宋建平译,上海译文出版社 1994 年版,第 34 页。

论,我们可以看出文化和生活世界概念的解释学意义。俞吾金认为,马克思的实践哲学也是一种实践解释学。[①] 从解释学的角度理解马克思思想是一个值得尝试的思路。从解释学的角度看来,人类文化的基本领域是生活世界,生活世界的意义问题可以通过解释和理解来建构。解释和理解就是实践的一种,并且为人类实践提供了基础。文化就是在不断的解释和理解中延续和创新。解释学实践论为理解文化和生活世界的结构提供了一个有意义的新角度,也为文化的合理化建构提供了一个很好的思路。

第三节　文化哲学建构的若干原则

文化哲学是当代的马克思主义实践哲学的一种出场方式。笔者在这里论述建构马克思主义文化哲学的理论要素,包括关于文化哲学的理念、文化哲学的理论视域和文化哲学理解模式与实践哲学理解模式相比有什么独特的创新之处。

一、文化哲学的理念

这里阐述的文化哲学的诸理念建立在前文对实践哲学和 20 世纪文化哲学进展的描述和分析基础上。现代文化哲学的建设没有走一个具体学科化的道路,没有有意建构一个自足的、相对独立的理论体系、概念和方法,但并不等于文化哲学没有自己的理念。

---

① 俞吾金:《马克思的实践释义学初探》,载《复旦学报》(社会科学版)1995 年第 3 期。

毋宁说,笔者在这里做的工作,是为了突出文化哲学的当代特色,突出它不能被轻易取代的独特性。这种独特性代表了马克思主义哲学在当代的一种可能的发展路径和在场方式。

（一）文化的现代性精神

文化的现代性精神是文化哲学的核心理念,是在文化现代化进程中体现出来的核心精神,文化的现代性精神和现代化进程是不可分的。文化哲学的现代性来自 20 世纪以来人类实践的现代性精神。实践哲学的角度强调人类生存的基本结构,而文化哲学的角度更强调从文化模式和文化转型的角度把握 20 世纪以来人类实践模式的变化。

西方的现代化进程从 17 世纪就已经开始了,但是现代化的进程又没有真正完成,或许可以说,现代化是通向人类解放的一个无限开放的过程。21 世纪初期,人类还处于现代化的一个阶段之中,面临的问题仍然是现代性给人类带来的问题。世界各个国家在现代化发展的道路上并不是处在同样的发展阶段,发达国家的工业化已经完成,已经进入信息化产业时代,发达国家的生活世界早已是以个体主体性为基础的充满创造精神的阶段;而中国这样的发展中国家至今还保留着前现代化的特点,大多数人的观念还停留在小农经济时代,或处在从小农经济时代向机械化大生产时代艰难转型过程之中。

中国的文化转型需要现代性精神,这是因为中国还没有完成现代化的早期阶段。西方的文化转型也需要现代性精神,是因为西方文化模式在经历了 20 世纪的危机之后,仍然需要进行深刻的反思,20 世纪的西方哲学乃至后现代主义就是这种反思精神的表现。中国和西方社会同处于一个世界中,二者的问题在一定程度上叠加在一起,也就是说,中国这样的落后国家在向现代化转型的过程中,本身还需要对现代化本身进行深层的反思。所以,对文化现代化的实质、路径、基础和条件等问题进行思考和批判性探究是非常必要的。

人的全面发展是马克思理论逻辑的终点,是人的发展目标,也是马克思意义上的现代化。当代的文化哲学更强调当下的具体的文化模式与生活世界对人的生存的含义。马克思意义上的现代化是一个不断扬弃异化的过程。文化哲学也强调对异化的扬弃,但更多的是把眼光和关注点放在当下,而不是遥远的未来。过去对马克思的现代化的理解主要停留在物质生活的满足上,比如"大跃进"和人民公社运动,改革开放初期的四个现代化,都没有重视精神的现代化和文化的现代化,文化现代化是一个整体过程,是一个文化模式的现代化,生活世界的现代化。文化现代性精神既是一种已然的精神成果,也是一种应然的精神状态,它在文化模式和生活世界的现代化进程中得以生成。

文化的现代化是一个阶段性的过程,它着重解决当下的具体的文化转型问题,为理想中的人的解放做准备。它通过对日常生活的批判和改造,文化整合的实现,达到文化的转型。文化转型的过程不是在短时间内就能完成的,文化转型是一个连续的历史进程。以中国的文化转型为例,从鸦片战争结束以后,就缓慢开始了,经历了一百多年,初步的工业化还没有完全实现,这期间经历了很多波折,生活世界和文化层面的变迁非常缓慢。所以,文化现代性精神的生成依然需要一个相当长的历史时期。

（二）文化的合理性和合理化

文化的合理性和合理化是文化哲学的重要理念,也是文化现代化的一个重要内涵,其实质包括生活世界的合理化和交往的合理化。生活世界理论和交往理论是胡塞尔、哈贝马斯等人提出来的。按照哈贝马斯的说法,交往合理性的标准包括真实性、可理解性、正当性、真诚性,交往行为就是遵循着这样的标准。文化模式首先应该遵循上述标准,其次还应该达到交往的人道化和文化的人道化。只有达到这样的标准,一个有秩序的文化模式才能建成。文化合理性脱胎于哈贝马斯的交往合理性,笔者认为,交往的合理性是生活世界的合理性的必要条件,而生活世界的合理性是文化合理性的必要条件,一种文化模式的内在合理性是由文化的合理性提供基础的。

文化合理性的概念综合了理论理性和实践理性、工具理性和价值理性。文化合理性是人类实践所体现的本质精神,凸显了人类文化实践活动的意义和价值尺度。文化合理性是实践活动和人类理性内在的“意义图式”,它通过人的交往活动和文化实践表现出来。

“合理性”概念脱胎于理性概念。在古希腊时期,理性概念的来源有两个,一是来自“灵魂”或者“努斯”,是推动宇宙万物变化的能动性力量;一是来自赫拉克利特的“逻各斯”,代表普遍规律。后人所总结的古希腊的理性主义精神主要是指古希腊哲学家远离迷信和宗教,用沉思和静观思辨的方式寻找宇宙本原和客观规律的思维特色。在亚里士多德提出理论理性、实践智慧和创制知识的知识三分法之后,理性一般专指理论和哲学的思辨活动,三者的分离经历了一个长期的历史过程。近代以来,科学技术取得了长足进展,就产生了理论理性与实践理性、技术理性和价值理性的分裂,导致了传统生活世界的解体。人类为了重建生活世界,必须使生活世界合理化,在此基础上重新整合理论理性与实践理性、技术理性和价值理性。

文化哲学站在更高的总体性的层面来克服当代文化危机,克服主体与客体、人与自然、人与社会的二元对立,"人类学的文化概念以其最强有力的形式向实践理性提出了挑战——而且也是因为,正如我很快就要证明的那样,这个概念也抛弃了诸如精神与物质、唯心论与唯物论之类的古老二元论"①。

首先,从文化合理性的角度看来,理论理性和实践理性可以统一。理论理性是人类在整体把握世界和人类自身文化的理论活动中体现出来的能力,而实践理性是人类从事具体实践和社会实践过程中所体现出来的能力。理论理性是文化活动的指导力量和反思力量,它对日常生活世界的生存实践有反思和矫正的功能,具有历史性和前瞻性,实践理性既代表着人类实践的行动的力量,也代表着行动中的"伦常明察",二者必须在文化活动中统一在一起,如果二者分裂,理论反思、文化实践和道德观照就会严重脱节,文化合理性也就无从着落。生活世界合理化的进程,必须要在政治和道德层面解决人类交往的条件问题,如果缺乏政治智慧,人的行为就必然是非理性的,政治共同体就无法形成,同样,如果缺乏道德

---

① [美]马歇尔·萨林斯:《文化与实践理性》,赵丙祥译,上海人民出版社 2002 年版,前言第 3 页。

上的共识,交往无法进行,理论理性也无从着落。这些都会导致文化的非合理化。

其次,从文化合理性角度看来,价值理性和技术理性也可以统一。价值理性和技术理性的分裂是 20 世纪的文化危机的一个重要表现,其根源在于科学技术崇拜使得人们倾向于用技术理性来解决价值问题,结果是遮蔽了价值问题,导致人的生存的异化。存在主义和现代文学艺术所揭示的人的孤独、绝望的心理状态正是西方社会文化失范的表现。上帝在人的精神世界的隐退,表面上看是属于科学对宗教的批判导致的,深层的原因是技术理性的过度膨胀,使理性僭越了自身的界限,导致了自身的失控,人的理性反过来成为使人失去生存意义的力量。人的本质单面化,只剩下为技术所刺激的欲望,取消了意义所依赖的深度模式。文化合理性把价值理性和技术理性统一在自身之内,使之变为自身内部的两个有机的、互相平衡的环节。在文化合理性的统率之下,价值理性和人的日常生活结合起来,恢复了调解人的生存的本来职能,并且使自身建立在技术进步的基础之上,使人的意义价值与技术的意义和价值相一致。而技术理性也受到了价值理性的制约,使技术的意义和价值始终都是为人的全面发展而服务,如果任由技术去破坏人的生存的根基,那么一定会导致日常生活世界的毁坏、实践的异化和文化的灾难。

最后,文化合理化过程也使人文精神和科学精神得到统一。文化合理化的过程就是文化合理性的生成过程。人文精神就是以人为本的精神,以人的价值为核心的精神,科学精神就是求真的精神,追求真理和普遍规律的精神。20 世纪以来,知识分子的文化分为人文学者的文化和科学家的文化,这两种文化日益走向分裂,这种分裂的一个原因是技术分工越发复杂,知识体系的发展使得没有人能够掌握和了解所有学科的知识,这种专业化使得人把视野仅仅限制在狭小的专业领域内,对人类精神失去了宏观把握。另一个原因是人文精神同样在失落之中,现代意识形态的束缚和控制使得人们失去了对自己的生活进行批判和反思的能力。文化合理性的作用,就是在重建文化批判精神的基础上统一人文精神和科学精神,同时将二者进行修复。这不仅仅是一种乌托邦的幻想,这种修复的基础,也是生活世界和文化共同体的重建。现代信息技术的完善可能使得人们的地域限制降到最低,人们具有建立一种全新的日常生活共同体的可能。当然,这种可能也是要建立在共同的文化批判和文化建构基础上的。

文化合理性是一种历史性的,具有时间维度的理性观念。一提到历史理性,人们马上就会想到黑格尔的历史理性主义。黑格尔认为,历史是绝对精神发展的历史,这种宏观的、目的性的历史解释模式是"大写"的历史观的最佳代表。但是这种绝对的历史理性主义是以西方中心论为底色的、决定论模式的一元历史观,现代历史观对这种一元历史观提出了质疑。文化理性并不遵循黑格尔式的宏大历史观,而是立足于人的日常生活世界、关注文化的微观历史形态的"小写"的历史观。张一兵先生认为,马克思的历史唯物主义就是以强调具体的、历史的实践为特色的,他注重的是"一定的历史的暂时的历史情境"[1]。文化合理性并不背离马克思的理论设定,在保留人类自

---

① 张一兵:《回到马克思》,江苏人民出版社 2005 年版,第 502 页。

由解放的乌托邦精神的前提下,关注人的个体的、日常的生存,并不把它们当作伟大的整体上的一个无足轻重的环节。个体的、日常的、现实的人的生存,具有时间性和具体性,他们构成了交往合理化的基本单位。

（三）文化模式、文化转型与文化整合

文化哲学的独特性之一,是提供关于文化模式、文化转型与文化整合的整体理论思考。对于文化模式的研究是 20 世纪文化人类学家致力研究的一个核心问题。笔者在前面对文化哲学的论述中已经指明,文化哲学必然把文化理解为一个整体性的思维方式、观念系统,而不是理解为一个单独的社会子系统。本尼迪克特为代表的一些人类学家认为,文化的差异可以解释为每个文化都有其特殊的"气质",这个气质被称为"ethos",我们可以称之为文化精神气质。文化整合的核心和主体是每个文化固有的"主导性文化精神"。任何民族、国家或地区,都有自己的主导性文化精神,虽然在漫长的历史中,这种精神的表现形式和组成部分会发生缓慢变化(比如中国数千年进程中的文化精神变迁),但是都保持着相对的不变性。文化哲学研究分为几个层次,首先是关于 20 世纪到 21 世纪世界整体的文化变迁和文化景观,即关于全球化问题和宏观的现代化问题;其次是关于某一个具体国家和文明形态的文化模式研究,比如中国文化模式的研究问题。

文化转型问题和文化模式问题直接相关。20 世纪到 21 世纪的文化转型,是 17 世纪以来的现代化文化模式演变历程的一部分。文化转型的外部环境、可能性条件、目标和具体途径都在文化哲学的研究范围之内。对中国来讲,文化转型的问题主要还是由传统的小农经济的、前现代文化模式转变为现代文化模式的历程,其中的核心价值依然是现代的个体主体的自觉。正如马克思在《〈黑格尔法哲学批判〉导言》中所说的,"即使对我国当代政治状况的否定,也已经是现代各国的历史废旧物品堆藏室中布满灰尘的史实。即使我否定了敷粉的发辫,我还是要同没有敷粉的发辫打交道。即使我否定了 1843 年的德国制度,但是按照法国的纪年,我也不会处在 1789 年,更不会是处在当代的焦点"①。但是,这并不意味着中国是与世隔绝的,中国文化转型的主流是向早期的个体主体独立的现代化转型,但是在亚文化层面上也会对世界其他先进的文化开放,文化转型是一个层次丰富和多元的体系。这个问题还涉及复杂的文化整合问题。

文化整合不仅仅是一个理论问题,更是一个实践问题。随着资本主义生产方式带来了世界历史的一体化,这种文化之间的相互作用就会越来越频繁和深入,就一个民族内部的文化来讲同样也有随着时代变迁而演变的现象。文化整合,是一个民族的主流文化与非主流文化冲突的结果,也是民族文化和外来文化冲突的结果。文化冲突必然引发一定程度的文化危机,文化危机进而迫使文化模式发生改变。不同的文化成分互相碰撞、互相吸收、互相促进、互相融合,从而形成一种新的文化模式,这个过程就是文化整合。文化的交流和融合是世界历史上的普遍现象,只有持续不断的文化整合过程,才能保证人类精神的常变常新、与时俱进,才能使得人类的文化和实践充满活力,焕发生机,表现出越来越大的创造性。不管从世界的角度

---

① 《马克思恩格斯选集》(第 1 卷),人民出版社 1995 年版,第 3 页。

看,还是从中国文化变迁的角度看,文化整合都是一个非常重要的问题。

第一,文化整合与文化的主导性精神直接相关。美国的文化人类学家本尼迪克特在她的文化人类学研究中非常重视文化整合,她总结了文化整合理论的要点,阐述了文化整合和主导性文化精神的关系。首先,本尼迪克特认为,文化整合的原始力量来源于人的心灵,是个人对文化特质加以选择、排斥与修正的结果。一个民族、国家的文化整合和变迁,是一个宏观的现象,同时也和每个个体在实践中做出的抉择有关。一切文化现象,都是通过千千万万个体的抉择、实践而实现的。社会对个体行动的影响力、对个体观念的促动,都是文化整合得以实现的力量。在个体的文化整合过程中,主体的抉择具有非常重要的作用。一个人有着思想和行动的相对自由,在有限的范围内可以完善自身,自己选择自己的生活方式。现代化使人的主体精神觉醒,能够更大限度地发挥自由抉择的能力。

第二,本尼迪克特认为,文化整合是相异的,文化的元素有无限的整合可能。没有两种文化是雷同的,任一文化的整合模式也是偶然的,是对新的文化特质的随机组合、重新解释和发展。这个随机性是相对的随机性,历史的发展总是由众多偶然性组成的,文化整合的过程也必然受偶然性的影响。在文化整合的关键时期,思想家的抉择、政治家的决策和判断、普通民众的文化活动都不可避免地有一些偶然的事件在里面,这样的事件在世界历史上层出不穷。个体在历史中的作用也可能是非常偶然的,但是这种随机性不等于没有规律,文化整合总是性质相近或者气质相似者融合得快,比如佛教和基督教都是外来宗教,但是佛教比基督教容易对中国文化产生影响。①

当代中国的文化整合问题是全球化历程带来的一个结果。中国百年的文化史就是一个外来文化被中国本土文化所接受的历史,但是中国文化整合外来文化的过程非常漫长,而且又和中国文化向现代化的转型过程交织在一起,这样的局面使得文化整合的问题非常复杂,包含了从个人到集体,再到国家和民族文化的多重层次,但是这个过程又必然是一个艰难的过程,不能一蹴而就。

(四)日常生活批判:文化模式转型的理论自觉

文化转型研究的核心内容是生活世界的重建和日常生活的批判。文化哲学的现实根基是日常生活世界,立足于人的现实生存境遇,从这个基础上开始文化批判、进行文化启蒙,所以生活世界原则或生存论原则是文化哲学必须遵循的原则。

文化哲学从形而上的研究下降到形而下的研究,每一时代的哲学形态无论多么抽象,都是特定文化模式的不同形式的外化。只是在相当长的历史时期中,哲学家们都认为哲学体系是从哲学家的头脑中天才地产生出来,没有意识到哲学和生活世界之间的本质的和内在的联系。真正的文化哲学产生的条件是对日常生活世界的观照,从而理解具体的人的认知结构和观念体系,理解个体之间的交往方式,这样才能找到扬弃日常生活的异化状态的道路,达到日常生活世界的合理化和人道化。

---

① 唐逸:《理性与信仰——西方中世纪哲学思想》,广西师范大学出版社 2005 年版,第 403～406 页。

回归生活世界的文化哲学不再冷落生活或远离生活,不再是纯粹的思辨,而是现实生活世界的文化精神的自觉显现与自我发展。实践哲学和回归生活世界的导向,无疑是新时期马克思主义哲学发展的正确路向。然而,我们也发现,目前中国哲学界对实践哲学、生活世界理论的研究虽然产生了很大的影响,但是,大多数理论表述依旧呈现为关于实践、人的生存、生活世界等的一般特征的抽象概括和理论描述。究其原因,首先是我们还缺乏对具体的日常生活重建和文化转型的研究,也缺乏对文化合理化的条件的研究;其次是没有把生活世界当作人的实践活动在其中得以展开、人的社会结构在其中得以生成的意义结构和文化结构,没有像马克思那样,在现实的实践活动和历史进程中揭示人的存在的客观制约性和自由超越性,而是把实践和生活世界的具体的历史文化内涵抽象掉,概括出某些普遍的特征、功能和决定性的要素。我们看到的依旧是理论哲学所追求的几条抽掉具体历史文化内涵的、普遍适用的指导原则。因此,我们必须回归生活世界重建这一主题,回归具体的文化模式的分析。这里,哈贝马斯和法兰克福学派等人为我们做了一个卓越的典范,他们把理论深度和实证分析结合在一起。中国学者应该深入研究中国自身的日常生活世界,在实践和理论上贴近中国人自身的交往结构,结合人类学、民俗学、社会学、经济学、法学、心理学等多种社会科学,在实证研究基础上深入了解中国人生活世界合理化的条件和内在根据。

(五)追求和谐世界:文化批判的理想

文化批判的目的之一是追求和谐。善的生活需要和谐,和谐不仅仅是理想,也应该是现实。

关于和谐思维,古代东西方哲人都有很多的思考。古希腊和谐观的代表是柏拉图在《理想国》里提出的,城邦的正义就是勇敢、智慧、节制的调和与和谐,是三种城邦阶层的和谐和各安其分,个体的正义就是理性、激情和欲望的和谐。中国古代的和谐观的代表是儒家,"以和为贵"是儒家的核心价值。现代的和谐观,也是文化哲学的目标,我们应该从这几个角度去理解:

首先,和谐是文化的理想。这一点在马克思的自由解放学说和人的全面发展理论里面说得最为清楚。共产主义是人道主义和自然主义的统一,是人和自然在实践基础上的高层次和谐。阶级斗争也好、暴力革命也好,都是为了达到和谐的目标。在社会主义的实践之中,的确出现了过分强调"残酷斗争、无情打击"的所谓斗争哲学,比如肃反扩大化时期的苏联和"文化大革命"时期的中国。这些实践都被证明是违反马克思主义的,造成了不可挽回的灾难。

其次,和谐不等于不批判,也不等于无矛盾,而是在一定范围内将矛盾冲突限制在可以缓和的程度上。社会实践过程中,人和人之间、阶层和阶层之间、团体和团体之间发生利益冲突和矛盾是正常的事情,在一个法治健全、规则明晰的社会里,解决矛盾是要靠政治的协商和谈判、法律法规的调节和民主的程序,而不是通过暴力的手段来解决。中国古代和谐观念的弊端是君臣、父子之间的关系的片面性,臣子对君主、儿子对父亲要绝对服从,而君主对臣子、父亲对子女的命运却可以绝对任意地加以处置。这个和谐不是建立在现代主体精神和自由民主基础上的和谐,不是真正的和谐,而是假和谐。

再次,和谐精神强调的是实践的建设性、可持续性。人和自然的以往关系是不和谐的,因为,人对自然的掠夺和征服耗尽了自然资源、破坏了自然环境,反过来自然界对人的发展产生了威胁和伤害。这样的实践不具备建设性,实际上违反了辩证法的原则。人和人之间、阶级和阶级之间的矛盾也不是完全不可调和的,资本主义国家在 20 世纪为缓和阶级矛盾做出了很多努力,这种努力可以说是因为马克思的哲学思想和批判精神给了西方社会以充分的警示,也可以说是 20 世纪的文化哲学倡导的和谐精神反映了人类的呼声和要求。和平和发展成为世界的追求、反战思潮的盛行、绿色和平运动的实践和各种环境保护组织的努力,都表明了人类对和谐价值的重视。

最后,和谐精神是人的主体精神的要求。文化哲学强调人的现代化和主体性,和谐正是现代主体性的内在要求,传统的自由主义、个体主义观念忽视了人和人的沟通。在当代,个体主体的视角已经变成了交往主体的视角。按照哈贝马斯的看法,人和人的交往必须遵循四个条件:可领会性、真实性、真诚性和正确性,这些标准保证了人和人之间的互相理解、互相沟通、彼此信任的合作关系,这个思想包含了文化哲学对于和谐世界的标准。只有和谐,而不是消极的对抗,才有主体的发展,才有文化的进步。

文化是历史的深层结构,今天的现代化过程不仅仅是政治、经济体制的变革,更根本的是制约着这些政治、经济体制形成的深层文化结构的变革。现代化的过程在本质上是人的解放过程,是主体性跃升的过程,就中国的现状来说,是使人由农业文明的自在自发状态转向工业文明的自由自觉状态。而人不能仅仅理解为经济的动物或政治的动物,人更是文化的动物,是历史形成的生存方式和活动方式的产物。所以,现代化最根本的内涵是人的现代化,如果没有现代文化所塑造的具有现代素质的新型主体,任何现代化都有落空的危险。这也说明了中国自近代以来,现代化的过程为什么总是反复经历着这样一个过程:从器物层面的引进到制度层面的变革,最后总要落到文化的变革上,而文化的变革又是缓慢的。生活世界无法进行合理化的改造,是一个最主要的原因。

二、文化哲学的视域

笔者在这里对文化哲学的总体视域做了一个总结。从历时态与共时态、宏观与微观尺度、共性与个性、生活世界与传统实践领域这样四重关系或者四种观察角度来凸显文化哲学的特色。

(一)历时态与共时态

在历时态的维度上,文化哲学关注从古代到近代的文化转型和文化模式变迁。它是具体思考文化变迁的历史路径,而不是大而化之地归纳人类文化演进的整体方案。比如,马克思提出的社会发展三阶段说是立足于人类实践的整体把握模式,这不是文化哲学要得出的结论。文化哲学立足于马克思对人类实践的宏观分析,进一步深化对文化的具体历史演进的分析。西方生活从原始文化的神话世界观到中世纪的宗教世界观,再到宗教改革以后的新教伦理,再到19世纪和20世纪的历史剧变;中国文化从原始宗教的世界观到小农经济的世界观,再到现代世界观的演进,这些都是文化哲学分析的重要内容。通过对这些内容的分析,文化哲学可以得出某些生活世界和交往模式结构变化的规律性结果。这种研究路向不是绝对的文化进化论,而更接近于一种文化进步主义,它的着重点不在放之四海而皆准的文化普遍性和线性演进模式,而是在承认具体的文化差异和发展路线差异的基础上肯定某些共同价值的演进,换言之,即使是对历史进程的梳理,也必须是具体的、特殊的。

在共时态的维度上,文化哲学对逐步走向世界历史的不同民族、不同文明在基本文化价值上的一些公共追求加以肯定,同时又充分尊重各种文化、各种文明的特色和价值要求。这个世界上不同类型的文化的差异导致了文化的冲突和整合,乃至文化的危机。当今世界民族文化和世界文化的冲突伴随着经济的摩擦、政治的分歧一起构成了这个世界的文化景观,政治和经济摩擦的深层根据除了利益的冲突之外,也包含着文化的冲突。文化哲学不仅仅要研究这些文化冲突的根源,而且要对这些文化不同的发展模式、存在方式和内在机理进行探索。

文化哲学通过回归生活世界而恢复了历史本身的丰富的文化内涵,在政治、经济、技术、社会公共生活等各个方面提供了人的自由选择空间和文化多样性的发展空间,使历史的机制从外在的自然回归到人的实践本身。文化哲学还特别强调文化间和文明间的学习、交融、交汇、交往、传承、模仿、融合、整合,这里充满着文化选择和文化创新的可能性,充分承认文化、文明、社会发展道路的多样性。只有这样,历史才不会是一种受制于人的活动之外的铁的必然性的自然进化论和线性决定论进程,而是充满文化创造力的人的历史进程。

（二）宏观与微观尺度

文化哲学的宏观尺度依次是对国家、民族乃至整个世界的文化模式的研究;微观尺度是对相对范围较小的文化模式的研究,二者是相对的。整个世界很难找到一个统一的文化模式,但是在时代精神的层面上,同一时代的各个民族越来越面临同一个世界历史进程,它们的处境也有许多要共同面对的内容。人类文化可以分成几个大的区域性文化类型(或称文化圈),比如欧洲文化、东亚(儒家)文化、阿拉伯文化、印度文化、非洲文化、北美洲文化、拉丁美洲文化等。这些文化类型都有各自相对固定的精神气质,例如欧洲文化的理性和信仰精神、东亚文化的家族伦理特色、北美文化的开放性等。在上述每个文化类型中,各个具体国家和地区的文化又有所不同,比如欧洲文化还可以区分为北欧文化、东欧文化、英国文化、德国文化、法国文化等;东亚文化还可以分成中国文化、日本文化等。甚至一些国家内部,也有着不同地区的文化差异,比如中国的南方文化与北方文化的区别,汉族文化与各个少数民族文化乃至少数民族文化之间的差别等。在对这些差异性的文化单位进行分析的同时,注意宏观与微观视角的结合是非常重要的。我们一方面要立足于对相对小、相对具体的文化类型的分析,另一方面要注意文化的宏观的类型差异。

文化哲学的微观尺度还有一个重要内容,就是具体的日常生活的文化模式,它是所有文化分析的基础和底层。生活世界的合理化和交往合理化并不只有一个普遍模式,而是深深扎根在具体的行为模式中。比如,在中国基层社会中,血缘关系和家族关系是联系个体的社会纽带,在传统社会里,基于这种联系方式的文化模式有自己的合理化根据,在现代化进程中,这种合理化根据逐渐丧失,但是还保留着中国社会的特点,不能马上变成西方社会那种靠法律和契约建立社会联系。所以,中国日常生活世界的合理化模式就有着和西方社会不同的特点,即使是完成了个体的现代化的中国,日常生活的模式和西方也必定显出很大的差别,传统在其中起到的作用是非常深远的。这种差异的最好的例子是日本的文化模式,日本是一个西方化和现代化进程比较快的国家,但是它也是一个保留传统文化特色比较完整的国家,在日本的基层社会里还存留着大量的传统遗迹,这就证明日常生活世界的合理化和交往的合理化并没有一个固定的模式,我们必须深入文化传统的内部,才能判断一个民族文化是不是真正完成了合理化,是不是具有真正的交往合理性。

（三）共性与个性

文化的共性与个性包括两个方面,一个方面是上面谈到的相对宏观的文化类型与其下包含的具体文化类型的关系,另一个方面说的是同一个具体文化模式中的集体—个人关系,这里笔者主要叙述后者。

文化集体由个体组成,个体是通过教育接受文化模式的,教育有学校教育、家庭教育、社会教育,其本质是自我教育。本尼迪克特说:"社会和个体二者不是对抗的东西。个体所属的文化提供了构成他生活的原始材料……每一个男女的每一种个人兴趣都是由他所处的文明的丰厚的传统积淀所培养的。"[1]一个个体的社会化历程就是接受文化模式的历程,其时间大约有18—25年左右。但是个体的行为方式具有一定的自由度,对本民族或集体的普遍的文化模式有一种选择活动,所以个体的行为与交往方式和本民族的文化模

---

① ［美］本尼迪克特:《文化模式》,王炜等译,三联书店1988年版,第231页。

式有一定的偏离。这就使得文化的共性与个性具有一定程度的张力。这种张力既是文化模式得以传承和再生产的必然现象，也是文化转型、文化演进的必由之路。

个体对于文化模式的贡献是最首要的因素。"文明的任何成分却归根结底都是个体的贡献。"①由于教育的影响，个体的优秀分子对丰富文化的内容有着非常大的贡献，出自于非日常生活的贡献会对日常生活有很大的改变。另一方面，一部分个体的特立独行和"反社会化"倾向会给文化的同一性造成相当程度的冲击，这会带来如下后果：或是这部分个体被边缘化，被社会集体所驱逐，或是文化内部产生差异，出现亚文化群体。从历史的角度看，异质性文化元素和主流文化传统的共存是宏观文化模式的一个特点，比如基督教文化圈内部出现的不同教派和天主教的关系，中国传统文化中的道家和儒家的关系，等等。这些异质性文化的存在造成了文化的多元成分，这种多元成分在文化整合过程中成为必要的内容，也对文化的转型和重建提供了丰富的资源。在现代化进程中，文化因素的多样化和异质性文化因素的共存是越来越普遍的现象，"也许，未来社会秩序对于个体间差异所表现出的这种容忍和怂恿比起我们所经历的任何一种文化来说要更甚得多"②。对多元化的宽容，正是生活世界人道化的表现。探寻共性与个性的关系也是文化哲学必要的一个内在维度，尤其对中国目前的文化整合和文化转型意义非常重大。

---

① ［美］本尼迪克特：《文化模式》，王炜等译，三联书店1988年版，第232～233页。
② ［美］本尼迪克特：《文化模式》，王炜等译，三联书店1988年版，第251页。

（四）生活世界与传统实践领域

前面论述过,西方传统实践哲学的内容主要包括道德哲学、政治哲学、法哲学等领域,这些领域和人的文化模式与生活世界的关系非常密切。自从马克思用新的实践哲学范式取代了传统实践哲学研究以后,传统实践哲学的研究路向并没有结束,而且面对现代性给人类社会生活带来的问题,这些传统哲学部门都焕发了生机。道德哲学自从罗尔斯发动了对功利主义的批判之后,亚里士多德的美德论、康德的义务论、功利主义的效果论都得到了复兴,政治哲学领域则兴起了新自由主义、新保守主义、社群主义、公民共和主义、自由平等主义等诸多流派。

伦理和政治是日常生活世界的内在的结构性规范,法律体系则是调节日常生活的外在规范。作为内在规范,道德律令是千百年来人类实践的成果,它的存在根据是经历了多数个体认可的合理化过程。它表达了集体的价值取向和生活秩序,渗透在整个日常生活的方方面面。政治规范分为显性的规范和隐性的规范,前者就是各种成文的政治制度,后者则是不成文的"潜规则",它和伦理规范一道规定了个体行为的限度。中国传统的伦理规则和政治规则在现代化的进程中,合理化基础逐渐丧失。比如"三纲五常"、男尊女卑等一系列规范,在现代社会必须逐渐转变为和现代社会民主自由理念相符合的"道德—政治"体制。现代化意味着社会结构的转变,城市化建设必然使大量农民离开土地,变为城镇居民;以家族和血缘关系为核心的传统社会组织必然转变为以陌生人之间的契约为纽带的现代社会组织;法治化、民主化是不可阻挡的社会潮流,这些必然导致日常生活世界的合理化基础的重构。

文化哲学的研究方式会借鉴道德哲学、伦理哲学、法哲学的研究方式,又必然有所不同。文化哲学关注道德、政治和法律领域带来的日常生活世界的结构变化,考察这些结构变化的文化合理性,以及这些结构变化的后果,以及对人类实践和文化的意义。这种探索是深层次的研究,涉及人的世界图景、解释和理解世界的特点及其合法性,而不是简单的经验描述。

必须说明,上述的四种观察角度不能代表文化哲学视域的全部,关于文化与教育模式、文化与科学研究模式、文化与技术、文化与经济等等很多问题在这里虽然没有涉及,但是文化作为贯穿一切人类行为的内在图式,不是一个范围明确、界限清晰,可以被归入高度分化的学科体系的一个研究内容,它不断地在各门学科的边缘出现,和各门学科的研究内容都有着深刻的相关性。文化哲学的研究视域是开放的,包容性的,保留了哲学的批判本性,指向人类实践的合理化和人道化。

三、文化哲学的创新

综上所述,文化哲学在马克思实践哲学基础上,根据 20 世纪的人类生存境遇的变化,吸收了西方文化学和哲学的反思成果,建立在文化自觉的基础上,有所创新,而且推进了哲学的范式转型,或者自身成为正在进行的范式转型的一部分。所以说,文化哲学是马克思实践哲学在 20 世纪的新的表现形式,它拓展了实践哲学的理论视域。在这里,笔者试着精炼地总结一下文化哲学独特的创新之处。

首先,文化哲学的研究层次有所深入。

马克思开创的实践哲学是从宏观上把握人的类本质和存在方式。而文化哲学从宏观领域进入微观领域,从历史的表层进入到历史的深层。有学者已经注意到马克思的微观政治哲学视野,以及马克思唯物史观对历史微观维度的关注。① 历史的微观领域正是人的日常生活世界,它的结构和内在逻辑、运行方式在以往一直被人忽视。文化哲学正是在这些不为人所知的地方显示出自身的长处。宏大叙事的历史解释模式是人类思想的特色,20 世纪恰恰是对这种宏大叙事模式加以怀疑和拆解的时代,一切对人的行为进行形而上学解释的思想都必将面临深刻质疑。如果不理解个体人的具体的生存方式和行为逻辑,人的自由和解放也就不能得到切实的解决;如果没有对生活世界的关注,人的意义就不能得到显示。正如人们的民主权利是从基层开始得到保护,人类生存的合理化和人道化、异化的扬弃必须建立在生活世界合理化和交往合理化的基础上得到解释。文化哲学正由于具有和其他具体学科一起贴近个体生存境遇的优点,才可能成为马克思主义精神的更好表达者。

其次,文化哲学研究从人的生存方式和生存结构入手,探讨日常生活世界的意义结构的根据,探讨日常生活的合理性根基。

文化模式的研究是文化哲学特有的思维方式。马克思对人类社会的研究,首先是以欧洲人的现实和历史为基础的,在他的中年研究中,他提出了世界历史理论,开始接触和西方不同的文化模式,并对现代化的世界格局以及其下的后发展国家和东方文化的

---

① 衣俊卿:《论微观政治哲学的研究范式》,载《中国社会科学》2006 年第 6 期。

命运进行了探究,在他的晚年探索中,他又把目光投向了对东方社会的土地所有制和原始公社的研究,试图找出一条"跨跃资本主义的卡夫丁大峡谷"的多元进步的历史发展道路。这个研究说明了马克思已经对不同的文化模式进行了理论思考。在同一个历史时代,文化学家和历史学家开始了对古代文明的研究,终于在20世纪的文化人类学家那里结出了丰硕的理论成果。如今的文化哲学继承了马克思对文化和历史的研究,也继承了文化哲学家的研究,在对人的具体的、静态的生活模式和结构的研究上进行了深入的探讨。只有理解了这些相对静态的生存图式和其中的文化观念系统,我们才能理解历史和文化的演变对人类生存的意义。

最后,文化哲学对文化转型的研究,由文化的普遍模式转入文化变迁的研究之中,而这种研究脱离了传统历史哲学的宏大解释模式。

文化的变迁或转型代表着人的根本生存方式的转变,是人的世界的最深刻的变革。文化哲学建立在对文化模式和日常生活结构进行静态研究的基础上,但并不是不研究文化的演变,而是把文化的转型和演变作为文化模式研究的一种逻辑的展开。这种关于文化变迁的研究不同于以往关于历史规律的研究,后者往往是从传统历史哲学角度出发,为历史总结出一套形而上的普遍规律或者普遍演进的模式,这种思路还是不能摆脱现代性和启蒙哲学的宏大叙事模式。而文化哲学对文化转型的研究立足于对微观历史或者日常生活层面的分析、考察和批判。文化转型是一个实践性特别强的问题,它不能靠几条干巴巴的规律来完成,而是所有个体经历长时间选择和实践的结果。任何对文化转型过程进行具体预测的理论家都会陷入某种困境,比如我们只能说中国的现实转型要建立一种以个体自由自觉活动为核心的新文化模式,但这种新文化模式的具体表现在文化转型完成之前是无从揣测的。所以,文化哲学对文化转型的研究,只能贴近人的生存境遇和生存经验,在对日常生活世界进行深入了解和体会中得出某些结论。哲学的本性是批判,所以文化哲学会伴随整个人类度过文化的转型时期,给人们一种启示,使人们从自发进行转型变为自觉转型。也许这就是塞涅卡的名言"愿意的人,命运领着走,不愿意的人,命运拖着走"的意义,而"命运"正是由人类的历史与现实决定的。

文化哲学对文化模式的研究,既不是泰勒的文化进化论,也不是本尼迪克特的文化相对论,而是综合了二者优点而形成的一种文化多元进步论,从历史角度看,人类的诸多文化模式都经历了进步的历程,人道化、合理化的程度在增强,民主自由成为现代性的内在价值,从各个民族的文化模式看,具体的文化模式之间有着这样那样的差异、交流、冲突、整合。文化哲学的研究正是在这样一种处境下生存的,它关注人类的进步,同时也关注各个文化内部的合理化根据。可以说,文化哲学是一种"贴近地面"的哲学思考方式,而不是一种"在空中飞翔"的形而上学。

综上所述,文化哲学不是一种和道德哲学、法哲学并列的新的部门哲学,而是代表了一种重要的哲学研究范式。在新的时代条件下,用文化作为哲学的核心范畴比用实践作为哲学的核心范畴更具有理解历史、把握当代的优越性。实践哲学内在地包含着文化哲学的维度,即文化批判的维度。文化哲学是以文化批判为基本特征的。从文化的视角理解当代社会,更加适合当代社会的时代特征和理论思维的当代走向。文化哲学是实践哲学在当代情境下的必然要求。

第四章　文化哲学的现代意义

马克思主义文化哲学代表着一种新的哲学范式,一种内在于人类历史和人的生存之中的一种生生不息的理性活动和文化建构。中国社会的现代化进程和文化转型是中国文化哲学兴起的背景,当代中国文化哲学面临建构文化哲学的体系和促生中国社会新文化精神的双重使命。文化哲学自觉地倡导向生活世界的回归、总体性地反思和批判社会的现代化进程、推动现代化和文化转型、建构新的文化精神和文化模式,为人的存在提供新的安身立命的精神支撑。文化哲学无论是对当代中国哲学自身的演进,还是对中国文化和中国社会的发展都具有重大意义。当代文化哲学是关于现代化的哲学,是关于人的现代化、文化现代化的哲学,是生活世界的现代化逻辑,是改造生活世界的哲学运动。

第一节　中国在全球化背景下的文化景观

中国学者对马克思主义文化哲学的探讨,不可避免地带有中国自身的问题意识,而中国人自己的问题意识,无不带有整个世界的现代化问题的烙印。换言之,中国人自己的问题也都是现代化问题的一部分。文化哲学的建构,一方面是对人类文化境遇的思考,另一方面也是对中国人自己的文化境遇的思考,这两种思考本来是联系在一起的。在全球化问题之下的中国文化景观是文化哲学思考的直接动因,文化哲学的理论思考同时也是对中国现代化的模式的理论反思。

一、内在于世界历史的文化转型

文化哲学的研究与人的存在境遇直接相关。文化哲学的兴起源于人的存在危机,而其最终目的则是要解决在现代的文明状态中人自身的分裂与冲突。可以说,20世纪文化哲学所包含的主流话题如文化危机、文化批判、文化转型、文化重建等,其理论宗旨都是要解决当下人的存在困境,从而实现人自身的完整性与总体性。中国的当代文化哲学研究是在不同于西方的历史背景中展开的,同西方的文化哲学相比,有其独特的社会现实和文化境遇,这为文化哲学的反思、批判和建构提供了独特的视角和特殊的方位。中国作为后发展的国家,其现代化进程所处的历史条件或境遇具有双重性:一方面,发达工业国家对中国的现代化进程形成压力和一定的阻力,但是另一方面,发达工业国家已经形成的以技术理性和人本精神为主要内涵的现代文化精神又会通过自觉的文化启蒙而加速中国完成文化精神的转型,从而缩短中国的现代化进程。

几千年的农业文明造就了中国特有的传统文化精神,从而使中国的现代化进程由于沉重传统的羁绊而显得特别艰难。从1840年鸦片战争开始,古老的中国就面临着严重的文化危机,外来文化的冲击迫使中国现有的文化传统必须发生改变。中国现在的文化危机不同于晚清时期,目前的文化危机不仅仅是中国文化和西方文化的简单冲突,也不仅仅是现代工业文明和古代农业文明的简单冲突,而是全方位、多层次、多角度的立体冲突,其原因就在于中国现代化的道路几经波折和动荡,发展目标和理论工具几经转换,历史的具体环境一直在发生重大的改变,国际国内形势也始终风云变幻。处于动荡环境中的中国,始终没有在文化上形成一个良性的反思机制,所以也没有在实践和理论上找到一个应对危机、自我创新的道路。

中国是在西方工业文明已经十分发达,并开始显现自身的弊端时,开始自己的现代化进程的,因此,我们不可避免地面临着文化价值观念的冲突。到了 20 世纪,人的理性的和创造性的文化精神在进一步展示自己的力量的同时,也陷入了深层的文化危机和文化冲突之中。日益加深的人的异化和物化的生存困境、人与自然的生态关系的破坏等,开始显现工业文明的理性文化精神的局限性和内在缺陷,人的存在面临着全面物化和异化的危机,人与人的关系具有了一种物的特征,对物的占有与消费成为人们追求的唯一目标,物成为衡量人的一切行为的准则。在这种观念的指导下,功利主义、享乐主义、拜金主义将作为社会的价值取向蔓延与泛滥开来,人成为只知道追求自身经济利益的经济人,其结果是人追求的理想的、乌托邦的精神世界消失了。精神生活的消解意味着人自身的完整性丧失了,人陷入了分裂的存在状态之中。

20 世纪的哲学家从各个角度考察了人类存在危机的根源,比较具有代表性的观点认为,人的分裂的存在状态是文化分裂的反映。这种文化分裂主要体现为人文精神与科学理性的分离,具体表现为自然科学所倡导的研究方法与原则日益盛行并已经扩张到了人类生活的方方面面,人文科学所倡导的形而上学进入了日渐衰微的状态,其结果是它所代表的意义世界的消解,使人停留在表层的物质生活的繁荣之中。在当代社会,这种文化分裂也表现为物质生活极大发展与精神生活的萎缩和贫乏,于是便有了后现代主义对现代工业文明的文化批判和生态哲学对理性文化的反抗,这使得中国等发展中国家在由经验型文化模式向理性文化模式转型之时,又目睹和体验着理性文化模式的局限和弊端。

这种双重背景所导致的价值冲突和错位使得中国的文化哲学研究的任务十分沉重与复杂。我们只能在这双重文化背景的冲突和交叉点上来确定我们的文化哲学研究的主题。从总体上来说,中国的文化哲学一方面应当成为工业文明所要求的理性的和创造性的文化模式的催生剂,另一方面又要努力成为现代理性文化的局限性和弊端的解毒剂。换言之,以中国现代化进程中的文化转型为核心的文化哲学研究寄希望于中国民众在文化转型中实现自身的现代化,即成为自由自觉的、理性的现代主体,但又不要由于个体主体性的过分发达而使自己陷入新的异化和物化之中。

市场经济和工业文明所造成的世界性的普遍交往和世界历史进程,使得任何一个民族都无法与现代工业文明的主导性文化精神相隔绝而孤立地发展。马克思和恩格斯早在《共产党宣言》中已深刻地揭示了这一点,他们指出,"资产阶级,由于开拓了世界市场,使一切国家的生产和消费都成为世界性的了。……过去那种地方的和民族的自给自足和闭关自守状态,被各民族的各方面的互相往来和各方面的互相依赖所代替了。物质的生产是如此,精神的生产也是如此。各民族的精神产品成了公共的财产。民族的片面性和局限性日益成为不可能,于是由许多种民族的和地方的文学形成了一种世界的文学。"①世界历史使得任何一个国家的文化转型都不可避免地对其他国家的文化有所影响。人的现代化本身就是一个和世界历史进程相伴随的宏观进程。虽然各个国家在制度上走了不同的路径、人的现代化的具体方式也不同,但其内涵是一致的。各个国家和民族进行文化启蒙的方式或许有具体的差异,但是整体的趋同性是不能抹杀的。从这个角度来看,后发展国家的文化启蒙,本身就是一个世界历史事件,不完成这种启蒙,整个人类的现代化就无法实现。

二、日常生活世界的文化失范及其根源

日常生活世界的文化失范,是中国当代文化危机的显著表现,也是文化整合没有完成的表现。中国当代文化哲学同时面对着复杂的文化冲突和随之而来的文化危机。其具体表现为社会价值分裂、民众信仰缺失、精神空虚、文化生活贫乏、文化的多元成分之间缺少良性互动,最终导致精神文明建设的失落和国民素质的降低。这种文化危机的核心,是人之生存意义与根据的丧失。

文化可以分为大传统和小传统,大传统是以哲学家、思想家为代表的文化精英所进行的理论创造,小传统则是普通民众的日常生活所体现出来的文化模式和行为模式。这两个传统既相合,又分离,大传统在精神上对小传统有着深远的影响,小传统和大传统

---

① 《马克思恩格斯选集》(第1卷),人民出版社1995年版,第276页。

之间又有着层次上和具体内容上的不同,小传统远比大传统复杂。小传统的特点是经验性、重复性。每个民族的日常生活都基本遵循同样的模式。游牧民族逐水草而居,周期性地在草原上迁徙;而农耕民族世代居住在同一块土地上,家族血缘关系具有极其重要的意义,对群体的依附性强;而古希腊的民族以航海和贸易为业,商业发达,人的行为独立性强,对群体的依附性比较弱。这些日常生活的模式在很大程度上影响了大传统的面貌。小传统的弱点是缺乏深刻的理论思考,批判性和前瞻性不够,同时表现出与大传统的脱节。例如,大传统已经对宗教信仰采取一种理智态度,而小传统中依然会保留大量的巫术、宗教和迷信内容。这种现象在中国的民间社会比较普遍。一言以蔽之,当代中国文化的大传统和小传统本身缺乏独创性,尚未建立一个完整的体系,它们之间的联系和互动也比较薄弱。这是我国文化建设不力的表现,也和中国教育体制、文化体制的落后以及精神文明建设疲软有着直接关系。

中国当代的大传统和小传统都需要重新建设。大传统方面的表现是缺乏一种把马克思主义、中国传统文化和外来文化充分融合的理论思考,没有出现令人满意的理论成果。在小传统的实践层面,全社会基本处于失范状态,这种失范状态表现为以下方面:

第一,社会公共价值的缺失。全社会缺乏一种普遍遵循的价值规范,社会习俗遭到一定程度的破坏,社会公德建设缺失,群众道德底线下滑。规章制度和法律在一定程度上不能形成对个人行为的有效约束,"有法不依、执法不严、违法不究"的现象时有发生。社会贫富分化严重,导致价值观分化,社会对改革的共识濒于破裂。多元化的行为规范和道德标准并行,传统价值遭到怀疑和抛弃。诚信的缺失就是一个重要表现,市场上制假贩假的现象严重危害了消费者的利益,人与人之间的基本信任逐渐消失,个别政府部门朝令夕改、缺乏诚信和政策的连续性。很多人发出"今不如昔"的感慨,怀念20世纪50年代的共产主义道德。

第二,大众文化强调感性享受至上,具有片面的物质主义、享乐主义倾向。部分媒体导向失误,有煽动拜金主义之嫌。某中学教师公开宣称"读书的目的是为了赚大钱、娶美女",这个事件虽然比较极端,但是表明了教育界行为的某种错位,即缺乏对学生人生观的正确引导。从过去的片面鼓吹无私奉献,到现在的片面鼓吹物质享受,学校教育和社会舆论都处于某种偏颇的境地。

第三,社会舆论往往偏于情绪的宣泄,缺少理性的思考。尤其是网络普及后,网络文化兴起,为大众发表意见提供了一个简易的平台,网络逐渐取代了传统媒体,成为舆论表达的一个重要场所。然而,表达渠道的简易化带来了若干问题,网络言论的不文明现象就是一个重要表现。这种现象也反映了人们道德水准的滑坡和社会矛盾的激化。

第四,民间文化活动形式单一、种类较少、层次较低,健康程度令人担忧。民间文化是大众日常生活中的文化活动和文化模式,包括文化生活、休闲娱乐等。文化产品的标准应该是富有创造性、健康向上、雅俗共赏、为群众喜闻乐见的。但是市场上的一些文化产品不符合这个标准,广播电视业、出版业和娱乐产业都有着相当严重的问题,电视节目风格雷同、层次单调,出版物社会效益不高,娱乐产业一味"向钱看"。前一阶段媒体有这样一个报道:近年来中国人均读书数量在下降,读书意识淡薄。由于文化建设薄弱,农村和城市的社区活动的内容和形式都比较单一,除了简单的体育活动、音乐活动之外,打麻将成了众多中老年人的唯一休闲方式。

第五,青少年亚文化群体之间缺乏整合,出现多元化局面。青少年接受新鲜事物的能力较强,速度较快,对新技术的掌握也比较好。所以社会上的青少年亚文化一直是一个文化内部的重要组成部分。现在的青少年亚文化种类繁多,比如"追星族"、"韩流"、"哈日族"、"网游族"等。这些"青少年族群"的出现有其合理性,但是社会对这种亚文化现象缺乏合理的引导,教育体制也暂时无法对这些文化进行正面的疏导和有效的整合。

第六,传统文化模式和文化精神阻碍新文化精神和文化模式的生成,成为社会发展和人类进步的沉重的文化阻滞力。中国是一个古老的农业国,至今我们只是处在由传统农业文明向现代工业文明的转型时期,传统农民停留于自在自发的日常生活主体的水准上。在这里,没有创造性思维的空间,农业文明的主导性文化精神,同现代工业文明的自由自觉的文化精神格格不入,使人觉得中国人的脚已经迈进了新时代,而头脑还停留在旧时代。

总的来说,小传统建设面临的危机会在很大程度上导致整个社会精神文明建设和文化建设的困难,最终会影响到大传统的建设。所以,日常生活批判的重建始终是当代中国文化整合中的一个重要问题,如果这个问题得不到很好的解决,社会文化就不能达到一个有序的良性互动局面。日常生活批判重建的核心是人自身的现代化,即人由传统农业文明的自在自发的日常主体转变为现代工业文明的自由自觉的非日常主体,这就要求人成为自觉的和成熟的现代化主体。

为了解决上述问题,首先必须加强法制建设。只有依法治国,解决制度建设和法治建设的问题,个体的行为才能受到约束。法治建设反过来会推动道德规范的建设,促使个人的行为有更多的自律,文化的建设才能见到成效。其次,要精神文明和物质文明并重。在实践上,两个文明"一手硬,一手软",其原因是精神文明的建设时间长、见效慢,在目前全社会急功近利氛围的影响下,精神文明建设一直被忽视。要解决精神文明建设的问题,一定要对文化建设的思路有通盘的考虑和规划,一定要发动全社会的力量进行建设。最后,文化产品和精神生产的需求,呼唤着文化产业和文化团体的发展。没有优秀的文化产品,就不能提升城乡文化的质量。日常文化的建设不仅需要政府的引导和产业的支持,而且需要社会各界力量的支持。在文化建设上,社会文化团体具有非常重要的作用,建设"大社会、小政府"的社会结构需要市民社会的形成,需要大量的非营利组织,这些组织具有民间的自发性,反映了人民的文化需求。社会成员必须组织起来进行丰富的文化活动,才能提高人民群众的日常生活水平,改善城乡文化环境。

三、教育的误区

教育是文化的实现方式、出场方式,其宗旨是完善人格,完成人的社会化。广义的教育就是文化本身,教育是文化的"动词形式"。文化和教育的目标同样是人的现代化和全面发展。从这个角度看,教育天然具有文化哲学的内涵,文化和教育是人类实践活动的内在维度。归根结底,教育的本质在于文化:在于文化的传承、文化的启蒙、文化的自觉、文化的创新。

　　启蒙与教育是内在一致的发展进程,教育是文化的核心,是作为生生不息的活动中的文化。教育的目的是文化的传承和创新,文化与教育是一种活动的两种不同表述,每一种有活力的文化都在持续地"文化着"、"教育着",文化精神的理念扎根于教育,文化的创造性来自教育本身、文化的意义和价值在教育中得以生成,人的个性和人格在教育中得以完善。教育是立国之本,国家的富强,关键靠教育。未来的竞争,是人才的竞争,背后的实质是教育的竞争。文化的根基在教育,建设新文化,教育的建设处于核心地位,起到的是奠基作用。

　　教育改革需要深化。教育改革是一个关系到中国未来发展的重大战略性问题。文化是具有传承性的,文化成果需要通过教育的方式来传播,人的文化精神的塑造通过教育的方式来完成。当代中国的教育改革远未完成,教育事业甚至显露出某些危机,比如,应试教育模式的盛行,导致学生道德水准和体能下降,出现心理危机,学生自杀现象时有发生;义务教育长期不能落实,广大农村学生和外来务工人员子女得不到入学机会,教育公平问题凸现;大学生实践能力的下降和就业率的下降。教育学者黄全愈认为:教育可以分为学校教育、家庭教育、社会教育、自我教育等四个部分或环节。① 这四个环节组成一个统一的过程,它们必须同时起作用,缺一不可,而且不能偏废,如果用某一环节来取代其他的环节,或者某一个环节对其他环节构成冲击和挤压,都会导致教育的失

---

　　① 黄全愈:《家庭教育在美国——〈素质教育在美国〉续集》,广东教育出版社2001年版,第4页。

衡。中国的教育现状表现为这四个方面的错位和脱节,学校教育在应试的道路上片面发展,家庭教育和社会教育本身有种种不足和误区,这些问题最终都严重影响了个体的自我教育。个体自我教育的失误,使得文化整合在最基础的层面上出现问题。个体的发展,直接影响着文化的整体发展,教育的问题如果不解决,整个中国的文化建设和未来发展就会陷入极其严重的危机。

按照美国教育学者巴布的观点,高等教育的目标包括提高交流能力、培养分析能力、加强解决问题的能力、培养价值判断的能力、提高社会交往和互动的能力、培养个人对环境的理解能力、改善个人对当今世界的了解能力、增长艺术和人文科学的知识等八个方面①,这些能力的培养不仅仅是高校教育的目标,也是基础教育的目标。人的童年时期和青少年时期,正是各种能力培养的关键时期,但是这个时期的教育模式主要是以灌输式为主,这种灌输式教育方式不能够激发学生自主学习的欲望和能力,"一切为了分数"的教学目标,将本该丰富多彩的教学内容简化为对某些固定答案的机械掌握,形成了严重的思维定式。这势必影响到学生的创新能力、想象力和发散思维。经过基础教育不恰当的强化,学生自主学习的能力与欲望已经在一定程度上遭到挫伤和压抑,这种挫伤和压抑过程,往往是不可逆的,很难恢复和重新开发。同时,知识的片面学习也对德育和体育构成了严重冲击。这些误区的主要根源是功利主义的教育理念,即把教育的目标确定为培养智力上

---

① 黄全愈:《素质教育在美国——留美博士眼里的中美教育》,广东教育出版社1999年版,第248页。

"合格"的"有用"人才,而"合格"、"有用"的标准又是非常狭隘的。

人的个性和人格完善,是教育的目标。由于中国文化的现代化一直都在未完成状态,中国人的主体精神长期被扼杀,不能得到充分发挥,这在知识分子的病态人格中已经有充分表现。《儒林外史》中描写的文人的劣根性,在当代中国依然存在。这证明了中国人的主体精神充分觉醒不是一朝一夕的事情。中国需要一个长期的文化启蒙过程,至少还要一代人或者更长时间。所以,文化启蒙和教育,都要把主体精神的建设当成主题。

第二节　中国文化重建的主题和理论宗旨

中国的文化重建,只有在完成了文化启蒙的前提下才能最终完成。文化哲学不能预先设计中国文化重建的具体细节,只能在理论上做出探寻。下述各个方面,也是文化哲学在当代的重要任务。无论是文化整合、全球化交往,还是教育改革,都是文化建设的重要组成部分。

一、中国当代文化精神重建的原则

中国当代新的文化精神采取什么形态,是一个在实践中解决的问题,但是不管采取什么样的形式,其主导精神和核心价值都是人的现代化。现代化的文化精神是以主体性为核心,以个体精神的觉醒、个体性的张扬为特点,以人的自由和解放为最高价值,这既符合现代哲学的需求,又符合现代文化精神的要求。

以启蒙精神、技术理性和人本精神为主要内涵的现代工业文明的主导性文化精神的确立有赖于诸多因素,取决于很多条件。就大多数民众而言,他们改变现有生存方式的契机往往来自外在的刺激和生存的压力。例如,在市场经济的建构过程中,随着对外开放和国际交流的扩大,人们必然学会和外来文化并存;随着大众传播媒介在高科技的推动下向生活的全方位渗透,人们必然尝试新的更加开放的生活;随着交通的便利和信息流动的快捷,人们必然适应新的生活模式和交往模式。法治的建设、制度的完善、意见表达的开放、竞争机制的引入、人的身份和社会角色的改变等,都会潜移默化地改变人的行为模式,从而逐步激发普通民众在其生存中发挥出创造性和自由自觉性,去接受一种新的文化精神。笔者认为,这个精神有如下特征:

第一,马克思主义和主体精神的一致。马克思主义是中国建设社会主义的指导思想,其精神和主体精神是一致的。马克思主义是现代文化的一个有机的组成部分,它是主体精神发展的结果。马克思主义是西方哲学发展的结果,是近代哲学的完善。近代哲学从心物二元论到精神一元论,主体精神不断膨胀,最后变成绝对精神。马克思把黑格尔哲学中的内核——主体精神和革命的辩证法重新挖掘出来,提出了实践哲学和实践的辩证法。马克思主义哲学以人类实践为核心,对主体精神做出了最为完备和精到的说明。主体精神发展到马克思这里,才真正地成为人的现实的本质,得到了正确的解释。主体精神在马克思主义哲学中的复活,使得近代哲学达到了它的顶点,同时又开创了现代哲学的思维方式。现代哲学着重阐发了主体精神的多方面内涵,比如非理性和本能的重新发现、对个体生存的关注、对生活世界的回归、对交往实践的关注,这些都为主体哲学注入了新的血液,重新完善了主体精神。马克思的主体哲学本来就包含这些思想的萌芽,比如非理性的内容可以在《1844 年经济学哲学手稿》里面的人的全面发展思想中得到说明,交往实践的理论可以在马克思的《德意志意识形态》中看出端倪,而生活世界更是马克思理论的一个重要基础。虽然马克思已经逝世一百多年了,但是马克思主义主体哲学的发展仍然没有停止,事实证明,马克思主义的核心精神,就是现代化的主体精神,它始终是与时俱进的。一方面,马克思主义对 1949 年以来的革命的利他主义和集体主义进行了反思,重新构造了自身的主导精神。新中国成立初期的文化精神,受战时共产主义体制的影响很大,面对国内外的帝国主义势力和一穷二白的国内经济状况,需要发挥无私奉献的共产主义精神,革命的利他主义和集体主义成为此时文化精神的核心。在改革开放以后,随着形势的变化,中国建设社会主义的战略是以经济建设为中心,确立了建设社会主义市场经济的路线。与此相关,在主体精神的发展上,由重视集体利益,转为开始重视个体利益。个体精神的发扬和重建成为新时代精神的一个主题。事实证明,中国的马克思主义很好地回应了这个挑战,新的主体精神的重建,既需要对集体利益的关注,又需要确立个体意识和个体精神。另一方面,马克思主义必须吸取其他文化的先进精神。在国际经济政治文化交流频繁、世界日益成为一个地球村的今天,当代世界面临的问题都和中国有关,中国不能自外于世界。中国马克思主义要发掘一切理论资源,吸收古今中外一切文化的优秀成果,发挥人民群众的主体精神和创造力,来面对新问题,建设一个生机勃勃的新文化,这是中国马克思主义不可推卸的责任。其他文化中符合主体精神的成分,我们都必须加以吸取和整合。

第二,中国传统的文化精神必须进行创造性的转化。文化传统一方面不断延续,另一方面不断变迁,传统的断裂和连续,是一个相对的问题。文化的主导精神尚有可能变迁,文化的具体成分和内容发生变化也是很正常的现象。中国文化自鸦片战争以来,新的文化环境催生着新的文化,在传统暂时断裂的情况下,文化整合依然延续着它顽强的逻辑,显示出不以人的意志为转移的特点。中国近现代文化传统的变迁可以分为四个阶段:第一阶段,从1840年到1919年,旧的传统文化受到越来越猛烈的冲击,从器物枪炮方面的革命到制度的革命,最后催生了文化的革命,新文化运动举起了反传统的大旗。第二阶段,从1919年到1949年,一方面,马克思主义发展壮大,逐渐取得了革命的领导权;另一方面,来自西方的自由主义、民主主义思潮和封建传统进行了持续的斗争,基本占据了上风。第三阶段,从1949年到1978年,这个阶段,中国共产党试图在思想上、组织上、制度上同过去的一切文化建制都彻底决裂,很多传统文化成果一度被称为"四旧",遭到了毁灭性的打击,但是传统文化没有完全丧失,中国化的马克思主义形态的确立,实际上吸收了大量传统文化的内容。第四阶段,从1978年至今,整个改革开放时期尚未完结,马克思主义内部进行了"拨乱反正",中国基本停止了文化上的破坏活动,开始建设新的文化,但是由于文化建设在理论和实践上都没有一条成熟的道路,马克思主义文化、中国传统文化和西方文化等不同文化在不同范围内共存,但是没有完全整合,一直在冲突之中。每个时代都有不同的文化传统,似乎可以分别名之为五四传统、资产阶级传统、共产革命传统和改革开放传统,但是这些传统本身发展时间不长,有太强的流动性和不确定性。这样的历史和现实,也加大了文化精神创新的难度。中国传统文化的具体面貌在数千年来是不断演变的,各种具体的文化建制都经历了一个发展变化的过程,它不是单调的,而是含有很丰富的内容。依笔者之见,中国传统文化中的很多优秀成分需要继续发扬,需要适应新时代的形势加以改变。在这里举几个例子:一是家庭伦理方面,比如孝敬父母,注重家庭内部和谐,互敬互爱。传统文化讲究"父慈子孝,兄友弟恭",这些规范,含有积极内容。虽然"君为臣纲、父为子纲、夫为妻纲"这些规范中含有不符合现代精神的内容,必须废除,但是家庭伦理中的内容不必随之废除,而是要加以转化。二是社会公德方面,比如"仁义礼智信"、"温良恭俭让"等内容,有助于社会和谐,美化生活环境,创造人文氛围,稳定社会秩序。三是个人的道德修养和职业道德修养方面,职业道德建设目前在我国存在着危机,比如教师的心理素质、教育方式都出现了问题,社会上时常出现教师体罚学生的现象。又比如社会的狭隘功利主义倾向在一定程度内无法遏止,短期行为盛行,甚至有些政府机关成为特殊利益集团,违背了为人民服务的宗旨。这些都是传统文化缺失的表现,中国传统文化注重道德修养,无论是在解决个人素质发展问题,还是解决职业道德建设问题,都是一剂良药。

第三,现当代西方文化精神,是中国新文化精神的有机组成部分。自启蒙时代以来,人的发展成为西方文化的主导精神,进入20世纪,西方社会发生了深刻的变革,经历了两次世界大战和资本主义世界的经济危机,资本主义国家进行了自我反思,重新调整了发展方式,社会结构和社会制度发生了重大变化,阶级矛盾得以缓和。当代西方的主流思想是对现代哲学进行反思,重新思考生态危机、社会安全、可持续发展等问题,主体精神在深刻的批判和反思之中重建。在哲学精神和文化精神方面,主要的变化表现为回归生活世界,注重个体的生存,注重交往哲学和主体间性理论,注重政治哲学、道德哲学等和人类社会面临的危机直接相关的问题。现当代西方哲学流派众多,马克思主义在西方世界也得到了充分发展,出现了形形色色的新马克思主义思潮,这些思潮立足于资本主义社会发展的新状况,现代文化精神进行了深入的反思和广泛的探讨。这些探讨不仅仅属于西方世界,而且属于中国,虽然中国社会处在西方发达国家不同的发展阶段上,但是二者的文化精神不可能过分脱节。只有广泛的拿来主义态度,才能使中国的文化精神保持开放,才不至于抱残守缺、故步自封。

第四,主体精神的自我反思和自我完善。随着西方生活对主体精神的自我反思,当代中国的知识界对主体精神也产生了反思和怀疑,这主要是来自两个方面,一方面是文化保守主义,另一方面是后现代主义。从 20 世纪初开始,文化保守主义对启蒙精神、主体精神在中国的价值提出了质疑,一种是立足于中国传统的文化保守主义思潮,他们往往认为中国的历史文化发展规律和西方不同,因为主体精神来自西方,所以不符合中国的国情。也有人立足于西方传统的文化保守主义,他们批判启蒙运动的缺陷,认为现代化进程带来了不可避免的危机,其根源都来自于启蒙运动和主体精神,因此要回归到启蒙以前的传统,比如宗教传统和古希腊的人文主义传统之中。文化保守主义的这种批评意见,有它的合理之处,但是主体精神本身却不能绝对地予以抛弃,我们只能对主体精神本身加以制约和合理的引导。后现代主义对主体精神的批评是从另外一个角度进行的,后现代主义哲学家们认为,主体精神属于"宏大叙事",现代性用关于人类解放、自由、平等之类的"宏大叙事"压抑了个体的生存和意义。福柯认为近代哲学关于人的描述,关于主体性的哲学只是一种权力话语和意识形态,它是虚假的,它不但压迫了个体,而且剥夺了个体的存在意义。现代性完善了一套对个体进行规训和惩罚的技术,人的欲望本身被隐藏、压制和变形。他的一句名言是:"诚如我们的思想之考古学所轻易地表明的,人是近期的发明。并且正接近其终点。"①后现代主义的合理性在于:主体精神在现代历史中的确以一种整体主义、基础主义的姿态出现,现代的叙事方式中经常出现"宏大叙事"。现代思想家"为人类解放而奋斗"之类的宏誓大愿代表着现代精神中的救世倾向和乌托邦精神,但也可能使得人们错误地理解了现代化的意义,反而导致对个体存在意义和价值的遮蔽。启蒙以来忽视个体的弱点,已经在现代西方哲学中受到持续的批判,经过批判反思之后的现代精神,已经充分认识到个体精神的重要地位。人的现代化,既是人类的自由解放的过程,也是个体能力充分发展的过程,二者本无矛盾,但是如果一旦把个体作为某种牺牲去追求整体的话,现代精神就会导致它的反面。20 世纪的苏联和中国,都曾经出现过这

---

① [法]福柯:《词与物——人文科学考古学》,莫伟民译,上海三联书店 2001 年版,第 506 页。

种严重贬损个体存在的意义和价值的倾向,其结果是文化的毁灭和倒退。但是我们同样不能因为这些原因而抛弃主体精神,只能不断地完善它。

二、自觉的文化启蒙

对传统文化的批判和反思是自觉的文化启蒙的要求。文化启蒙与经济建设的关系非常密切,是物质文明与精神文明的共同发展。中国人的文化素质建设和国民性建设需要自觉的文化启蒙。

由于中国不能自外于世界历史进程,自发进行文化启蒙也是不可能实现的幻想。因此,文化启蒙必须由自发到自觉,这对于中国的现代化进程是必不可少的。在这方面,文化哲学由于贴近日常生活、关注人的具体生存境遇,因而具有不可替代的价值。一方面新的文化哲学所包蕴的文化精神自觉地呼应中国普通民众改变生活方式和文化模式的内在要求,并使之走向自觉,另一方面则结合社会教育体系的改革,统一学校教育、社会教育、家庭教育和自我教育,实施自觉的现代化文化精神的启蒙,那样,中国文化精神由传统向现代的转型将不再遥远无期。

文化启蒙的目标是促生以精英文化和市民文化、大传统和小传统的内在统一为特征的现代化的文化模式。从现代文化精神和文化模式的生成途径来看,中国文化哲学要变传统哲学的外在指导和外在教化为内在启蒙和内在教化,促使精英文化和市民文化、精英传统和民间传统的交汇和整合,从而在生活世界的根基上使现代化的文化模式和文化精神得以生成。所谓外在指导和外在教化的模式是传统模式的文化教化,即通过文化经典的教育和阅读、官方的宣传和鼓励使得社会以文化经典为模式教化文化层次较低的民众。它之所以不是文化的自我启蒙,是因为它只能提高少数精英的文化素质,而不主张大多数民众的普遍启蒙。而文化哲学倡导的内在启蒙和内在教化,也就是使人自身的启蒙和自我教化占据核心位置,只有这样,才能促使现代主体精神的生成,实现生活世界的合理化。生活世界是人的世界,是人在其中生活、交往、工作、创作的世界。文化哲学就是生活世界的文化精神和文化模式的自觉体现。这为文化哲学对生活世界的内在启蒙提供了先决条件。

中国的文化哲学要借鉴人类已有的文明成果,梳理和整合古今中外各种优秀的文化精神,从而实现文化和思想的创新。文化哲学的生命力来自哲学理性和生活世界的文化模式之间的内在关联,来自文化精神和生活世界的碰撞,来自生活世界内在的文化模式的自我启蒙和自我超越。在目前的社会转型中,一种自律的、自觉的市民文化正在悄然生成。由于市场经济条件下的需求、利益、文化观念和价值的多元化,以及现代行为方式的创造性和竞争性,普通民众开始通过实际的功利活动,在经济层面上逐渐萌生出自觉的主体意识和价值观念,开始在经济要求之外表露出自觉的主体意识和社会参与意识。这一文化精神导向的出现十分重要,它为现代工业文明所要求的理性、民主、法治、契约等文化精神的生成奠定了坚实的基础。以这一历史进程为根基而进行的启蒙和教化是生活世界内在的自我启蒙,由此而生成的文化精神将不再是生活世界之外的抽象的理性精神,而成为现实生活世界内在的文化精神,成为现代主体的自觉的文化模式。

　　文化哲学向日常生活世界的回归,是一种内在的、深层的、总体性的回归途径。文化哲学不是用一种自足的哲学理性外在地审视文化现象的结果,不是用虚悬的理性原则或者什么世界精神对文化进行居高临下的指导,而是立足于日常生活世界的自觉的内在批判。文化启蒙同现代教育相结合,把现代科学精神和人文精神通过各种教育形式内化为人的内在素质,逐步从体制上确立起理性化、法制化和民主化的社会运行机制;积极认可与鼓励以追求利益的理性、目的性、竞争、参与为特征的现代生活方式对传统农业文明封闭的日常生活方式的改造。只有这样,文化启蒙才能真正摆脱辛亥革命式的脱离民众的悲剧,摆脱狭隘的精英化道路,实现文化的整体转型。

三、当代中国的文化整合

　　现代化是一个整体性概念,在现代化历史进程的背后,是深层文化价值的转换,无论是技术层面、制度层面、还是主体价值和观念层面,都将伴随着文化的反思与重建,经历一种重新的文化整合。人类现代化进程引发了一系列文化哲学问题,首先的突出问题就是如何处理文化的民族性与时代性的关系,即在延续民族传统的同时培育一种适应现代文明发展要求而具有的超越民族狭隘视界的未来精神;另外一些问题如现代化进程中的社会心理结构的更新、历史价值与伦理价值的冲突、发展大工业与人的个性弘扬等,这一切都有必要诉诸文化哲学的审视。

　　现代中国的文化整合是两个问题的叠加。第一个问题,是中国文化应该变"古"为"今",实现中国文化的自我现代化。中国传统的儒、佛、道以及诸子百家学说,必须进行现代化。这个现代化过程反对抱残守缺地对待传统思想。传统思想中不合现代世界的内容必须抛弃,比如儒家的"三纲",而有价值的思想也应该加以转化。第二个问题,是中国文化和外国文化应该互相融合,协调发展,实现中国文化的世界化。中国文化的现代化和世界化,这两个过程的结合,构成了现代乃至当代中国文化整合的主要内容。我们应该首先以平和、开放的心态吸收学习外国的先进文化,然后振兴自己的文化教育事业,重新使中国文化焕发创造力和新生命,找回文化自尊和民族自尊。把中国的新文化精神传播到世界上去。这样,百年以来没有找到答案的文化危机问题才能得到解决,虽然这可能是一个长期的过程,但是这个过程不可避免。

文化应该具有开放性。中国百年来的综合国力落后于发达国家,这是不争的事实。在这种形势下,民族自尊心和自信力受到了严峻挑战,狭隘民族主义在某种程度上又有抬头的倾向,这些非理性的情绪会刺激国人对外来文化的盲目拒斥,这对我们的文化整合是有害的。我们对待其他文化,要虚心学习,保有开放心态,不能故步自封,否则会影响我们对外来文化的真正了解和深入探索,也会妨害自身文化心态的健康发展。吸收外来文化和改造传统文化不仅仅是中国这个第三世界后发国家的任务,也是所有文化的共同任务,文化的生命力就在于它的包容性,如果一个文化停止吸收外来文化,那么其生命力就会丧失。吸收其他文化并不意味着中国文化本位性和主体性的丧失,相反,拒斥其他文化才是文化自信心缺失的表现。中国文化发展数千年依然富于生机和活力,就是靠它的包容性。我们要发挥主体精神,继续发扬这种包容性,使我们的文化常新,这样,我们的文化实力和竞争力才能增强,综合国力才能提高。

中国学界对后现代问题的讨论也基本和文化整合问题有关。中国的现实与西方不同,现代性的核心价值还没有最终确立起来,文化属于价值体系混乱和信仰缺失时期,急需确立一个全社会认同的核心价值,这个价值只能是现代的主体精神,而不可能是什么别的精神。在主体精神没有建立起来的时候,对主体精神的批判(后现代主义)就没有着落。

中国的"后现代问题"的实质就是文化整合过程中出现的多种文化平列和杂陈的多元化问题。在当代的中国,封建主义文化、官僚主义文化、市民文化、农民文化、地域文化、民族文化、青少年亚文化等等文化观念冲突不止。这种现象在文化整合实现之后应该能够得到解决。至于是否对中国的现代化进行批判的问题,笔者认为,批判和建设是同时进行的,是一个问题的两面,我们把主体精神作为文化整合的核心精神,就意味着它是经得起批判的,西方的后现代主义理论盛行了这么长时间,主体精神依然是西方文化的主导精神,就证明了这一点。西方文化也需要整合,后现代主义之后,也就是西方文化进行重新整合的开始。① 文化整合的能力表现了一个文化的活力和创造力,在某种意义上说,后现代问题对文化整合提出了挑战和高标准的要求,文化整合必须回应这个挑战,它也有能力回应这个挑战。

总之,中国的文化整合应该以马克思主义文化哲学为核心思

---

① 赵海峰:《后现代主义与文化整合》,载《求是学刊》2001 年第 3 期。

想,以现代主体精神为主要价值,以中国传统文化和外来文化的优秀成分的融合为主要内容的一个文化体系。它涵盖了大传统和小传统、日常生活和非日常生活,是一个在实践中生成的文化创新过程。新的文化建设,不仅仅是理论层面的事情,也意味着日常生活的重建和大众文化的创新。面对文化危机,我们必须坚持精神的开放性和自主性,以现代主体精神为主导精神进行不断的文化创新。

四、全球化时代的交往对话

对全球化时代交往对话的理论观照是文化哲学的另一重意义。我们生活在一个信息化的时代,全球化进程是哲学必须面对的一个大问题。从文化哲学的角度看,全球化带来的问题主要有两方面,一方面是中国的文化整合问题,另一方面是各不同文化的交往问题,一方面对内,一方面对外,二者结合,就是较完整的对全球化交往的理论思考。

文化与文化之间的交往是伴随政治经济往来而产生的。在古代,人们不能进行远距离的航行,国家间的交往半径很小,各个文化之间也处于互相隔绝的状态。近代地理大发现以来,资本主义强国开始海外殖民,这才开启了文化之间远距离交往的历史。这时期的交往,往往充满了敌对、战争、苦难和血腥,人的理性仅仅限于本民族和自身文化内部。随着一个又一个的民族和文化被卷入世界历史,殖民地的文化才逐渐走向觉醒,人类实践的文明程度逐渐提高,文化间的交往才逐渐走向平等。但是文化之间的绝对平等至今没有实现,发达国家和发展中的第三世界之间还远没有取得事实上的平等。

文化的不平等来自于经济政治地位的不平等。经济上居于强势地位的国家会把自己的文化观念和价值体系推行到弱势国家之中，对后者固有的文化产生冲击。以中国为例，实际上的弱势使得中国人缺乏文化认同感、文化自觉和文化的自豪感。主导的倾向依然是以"崇洋"的倾向为主，这又一次加剧了文化的不平等。经济上国际分工的不平等导致地位的不平等，在文化上就体现为文化的冲突。

亨廷顿的文明冲突论认为：全球政治是多极的和多文明的，现代化不是西方化，它不能产生任何有意义的普世文明。西方的影响在相对下降，非西方文明正在重新肯定自己的文化价值，以文明为基础的世界秩序正在出现，西方国家的普世主义日益把它引向同其他文明的冲突，最严重的是同伊斯兰和中国的冲突。如果西方人把自己的文明看作独特的而不是普遍的，并且团结起来更新和保护自己的文化，那么西方文化就可以生存。① 这种理论把文化冲突的根源定为文化的非普世化特性，认为文明的差异导致冲突，遭到了很多学者的批评，因为他正好掩盖了文明冲突的真实原因是经济利益的冲突。从文化哲学的角度看，现代化是一种普世价值，各种文化在现代化过程中会采取各自的方式，但是文化的多元化并不意味着没有普世价值，并不意味着多元化就是和普世化背道而驰的。

各个文化之间的关系不仅仅是对抗的关系，也有互相融合的

---

① Http://www.tianyabook.com/zhexue/wmdctysjzxdcj/.

关系,在文化之间,对抗不是单纯的对抗,同时也伴随着交流;而非敌对的文化之间的交流,其实也伴随着小规模和小范围的对抗。但是现代文化的发展态势应该是在现代化的共同目标之下互相交流、互相影响,逐渐地化解敌意,达到共同进步。文化的交流应该遵循共同的价值尺度,以人的日常生存和完善发展为基础,以人的生存意义和价值的实现为宗旨,以保留文化的多样性和人的精神的丰富性为特点。

文化间的交往应该采取互相尊重、宽容和平等的原则。

首先,文化间的互相尊重和互相宽容来自于对文化多元发展观念和文化丰富性的理解,而文化的多元性和丰富性恰恰是人类实践和文化本来具有的特点。人类的文化来自实践的自由创造,个体是千差万别的,丰富多彩的,文化模式也同样如此,它是不同民族的个性的体现。由于不同民族的地理环境不同、生活方式不同,导致了不同的意识形态和文化观念体系。每一种文化都是具有同等地位的,各自有各自的优点和不足,没有哪一种文化是最优越、最合理的。

在人类文明的起源时期,由于各个文化之间缺乏交往,精神视野的狭窄导致各个文化之间出现强烈的排他性。随着世界历史进程的深化,文化之间的交流和理解逐渐加深,互相尊重和互相宽容的态度就成为了文化交流的核心态度。文化之间互相尊重的程度越高,文化的形态就越发现代化。那种排他的、狭隘的文化心理往往出自于现代化程度较低的文明形态之中,例如中国的极端民族主义倾向。在这些现代化程度较低的文明形态之中,对人的价值、尤其是个体价值的实现都有着相当程度的忽视,这证明前现代的文化心态还占据相当重要的位置。

其次,文化的平等原则不能受经济政治利益的制约,应该以一种超越功利的心态去从事文化交流。文化内在的尺度中具有超越功利的一个方面,文化的沟通和交流也首先是精神层面的沟通和交流,是一种文化对另一种文化精神层面的认可或欣赏。从人类精神的层面看来,各种文化的地位是平等的。承认这一点意味着承认其他文化中的人的价值和追求与在本文化中的人同样高贵,意味着整个人类中的每一个个体在精神上都是平等的。这需要一种普世的胸怀和真正的类意识,一种"天下一家、民胞物与"的精神。只有这样,才能做到真正的和谐交往而不是隔绝排斥,未来的人的全面发展也内在地包含着这种类意识的完全成熟。

五、教育改革的任务

(一)教育的目标:文化创新和文化自觉

优秀的文化能够源远流长的重要条件是不断经历自我完善和创新,否则一种文化很快就会由盛转衰。在市场经济条件下,创新能力和自主学习能力的培养尤为重要。在现代社会,学校已经成为文化创新的主要策源地,成为新文化精神的培育基地。西方教育家倾向于认为,大学的本质,在于把一群优异的年轻人聚在一起,让他们的创造力互相激励,产生使他们终身受益的智慧。这对于推动和引领整个社会的文化创新和文化自觉具有十分重要的意义。

教育的本质规定性归根结底就在于通过文化传承和文化启蒙把个体从自在自发的生存状态提升到自由自觉的生存状态,同时以自觉的文化创新去推动社会的文化进步,乃至社会的各个方面的进步。教育不限于对某些具体的、给定的知识和技能的传递,而是通过文化教化和文化启蒙,对人的能力、素质、精神境界进行全方位的文化提升,为每一现代主体提供"长入社会"的必由之路。因此,真正意义上的教育从一开始就赋予人文教育和文化启蒙以核心的地位。

笔者认为,当前教育出现的误区,就是由于在文化传承和文化创新这两方面都出现若干危机而造成的。在文化传承方面,古典文化中的优秀成分有面临消亡的危险,以至于学生对母语的掌握和运用都出现了一定的问题;在文化创新方面,普遍体现出学生创新能力不足,学校创新教育缺位的现象。教育的误区和文化的危机如果出现互为因果的局面,后果会是非常严重的。

教育和文化建设是有机地结合在一起的,所以教育的改革要和文化改革配套进行。首先要有先进的教育理念,其次要改变教育的模式和结构,吸取发达国家的教育模式和教育思想,将应试教育的主导地位转变为素质教育的主导地位。先进教育理念符合文化哲学所昭示的精神,将文化启蒙、文化传承、文化自觉、文化创新的精神灌注到教育改革之中。只有这样,才能培养优秀人才,使之成为具有现代精神的主体。

(二)教育的关键:四个教育环节的协调关系

前文已经说过,学校教育、家庭教育、社会教育和自我教育是教育的四个环节,它们之间的关系应该互相协调。首先,学校教育和自我教育是互相促进的关系。好的学校教育应该发展学生自己探索知识的能力,学生自主学习能力的培养是衡量学校教育成功与否的标志。

其次,学校教育与家庭教育是互相补充、缺一不可的关系。家庭教育在时间上要早于学校教育,学生和家长相处的时间比在学校的时间长,家长的言传身教对学生有着非常强大的影响力。美国教育家布鲁姆认为,家庭对下列学习有影响:语言的发展、向成人学习的能力、对学校学习的态度、进一步教育的抱负及与教育有关的职业生涯和生活方式。[①] 如果学校教育和家庭教育脱节,甚至学生在学校和家庭得到的经验教训形成严重冲突,势必影响教育的效果。所以家庭教育的氛围对学校教育的内容应当构成良性的补充,它营造的是一个和学校教育有很大差异的日常生活的情境,更有利于受教育者的自我教育。

第三,学校教育和社会教育是互相衔接、互相补充的关系。社会教育是人进行自我教育的重要途径,从童年开始一直到老年都在进行中。在学校教育结束以后,社会教育将伴随人的一生。社会教育在人格养成和能力培养上具有非常重要的地位。根据儿童心理学家的研究,儿童的游戏就已经有了社会交往的性质,儿童正是通过游戏来学习如何生活和如何从事社会实践的。儿童的个性差异导致他们在处理人际关系上采取不同的形式,这些不同的形式可能和性格一起不断强化,会一直延续到成年。

第四,自我教育是学校教育、家庭教育、社会教育的深刻的基础和最终的目标。自我教育的地位比另外三者更为根本,另外三种教育形态对自我教育起一种促进作用,而且必须转化为自我教

---

① 詹栋梁:《儿童哲学的基础》,广东教育出版社 2005 年版,第 32 页。

育能力的培养才有效果,否则这些形式就是完全无用的。如果和自我教育相脱节,学校教育、家庭教育和社会教育都不能收到好的效果。当前中国教育体系过于重视学校教育而忽视其他三个环节,在学校教育体系的各部门之间有着畸轻畸重的偏向。为了转变教育观念,一个关键的问题是理顺教育的四个部分之间的关系,解决四个部分互相脱节的局面。从文化哲学的角度上看,自我教育是个体总体化生存方式的必经之路,只有完善的自我教育,才能使个体成为全面的、而不是单向度的主体。

从文化哲学的角度看来,文化的"正在进行状态"就是广义的教育,学校教育和家庭教育、社会教育一道构成教育的外在形态,而自我教育是教育的内在核心。人是自我教育的动物,也是自我批判、自我提升、自我设计的动物。教育的目标在于文化的传承和创新,只有个体的人不断更新和完善自己的素质和观念,文化和实践才成为真正活跃的创造性力量,人类才有自由和解放的希望。

(三)教育的多层次任务

教育的目标或任务可以分为若干层次。首先,教育的最终任务可以归结为"化育人文、养成人格",对于个体来说,健全人格和完善素质的培养是文化传承和文化创新的根本保证。对教育方式方法的设计和文化的根本特性是互相匹配的。什么样的文化,就相应地有什么样的教育模式。在不同的文化大环境下,教育的方式方法各有特点和优长。现代西方文化越发强调个体的自由选择,这和中国文化的整体主义特性有着十分重大的差异。这种自由选择在教育上也有所体现,比如不同种类的学校,学位的类型、培养的人才类型、培养渠道和方式等都有显著的差异。法国的高等教育体系可以对应不同层次的人才需求设计不同的培养模式和目标,学位种类多达十几种。就基础教育而言,不同的国家教育体系也有不同的目标,比如大家比较了解的美国,基础教育主要培养学生的人文素质、鼓励学生撰写小论文,对文化、历史、自然等多学科问题自由发言,并不进行单纯的知识灌输,在创新能力培养上的确比中国的基础教育更胜一筹。

其次,"学会生存"是现代教育的具体任务。1972年,以富尔为首的国际教育发展委员会发表了一份报告,名为《学会生存——教育世界的今天和明天》,提出了"学会生存"的口号,作为现代教育的目标。"学会生存"的口号具有非常深刻的寓意。"生存"意味着使个体在实践中寻找自身价值的意义,强调人的实践活动的主动性、创造性意义。这个口号在这里主要不是指被动地去适应环境、适应社会,而是主动地去选择、创造自己的生活。这和文化哲学所体现的生存论变革是完全一致的。中国的传统教育长期以来使人形成了"出人头地、改变生存处境"的期望,而忽视了主动寻求个人人生意义、提高创新意识的重要性。如何让学生追求积极的人生目标,追求自我价值的实现,这是"学会生存"的真正含义。现代化的社会,竞争激烈、人与自然严重分离,现代社会之"病"在短时期内难以痊愈。只有人人都提高自己的生存质量,完善自己的人格,使自身素质得到多方面的提高,这是现代教育的目标。

学生应该培养对现实问题的感受能力,为以后解决现实的社会问题打下坚实的基础。学校教育不能培养"两耳不闻窗外事,一心只读圣贤书"的迂腐文人,而是培养关注社会、建设社会的人才。如果教育没有培养学生对社会现实的关注,那么教育的目的必定是失败的。社会实践能力的培养是教育关注现实的一个重要出发点,这个目标不能从片面的应试教育模式之中得到。美国大学录取学生的标准之一,就是学生必须有一定时间从事社区服务或志愿者活动的经历,其目的就是让学生了解社会,增进社会责任感。社会实践能力的培养、对社会的关注、对人文精神和高尚人格的养成具有非常重要的作用。

最后,人文教育是现代教育的重要基础。现在应用学科、管理学科、工程技术学科及其各种应用知识在高等教育中占据越来越大的份额,从而导致大学教育的"人文化"特征被"工具化"特点所遮蔽。它所培养的往往是"专家",而不是"学者",是分门别类的"专门技术人才",而不是具有人文素养的现代社会主体。应当看到,大学教育的"工具化"倾向,并非一种孤立的文化现象,它实际上是 20 世纪现代性问题的一个重要组成部分。我们讨论教育的文化本质,不是在发现新的真理,而是在澄明被遮蔽的本真的教育样态。人文精神的重要内容是理想主义精神的培养,只有这样,才能破除狭隘功利主义倾向。理想主义的培养不能靠简单的说教,而是需要引导学生思考和关注人类命运的大问题。需要把人文学科的精神渗透到教学、科研和校园文化之中来。在教育目标和教育方式上,特别重视通识教育,把通识教育和专业教育结合起来,将前者渗透到后者之中。通识教育实际上和素质教育是同义语,在英语里有很多近义的表达方法,比如 liberal education, general education 等。① 西方经典意义上的 university 一直固守着实施人文

① 程星:《细读美国大学》,商务印书馆 2004 年版,第 53 页。

教育的大学理想。在以牛津大学为代表的经典传统综合性大学中,人文教育高于职业教育和技术教育,大学是自由思想和世界精神的象征,教育的目的是培养具有"自由、公平、沉着、稳健和智能"生活习惯的社会主体。以人文境界为本去培养下一代,使他们具有创造性独立思考的能力,具有在自己精通的专业知识之外思考更广泛问题的能力,成为真正的人和可以保证社会健康发展的精英栋梁,这也是美国许多大学的共同特征。

　　总的说来,文化哲学的当代意义和价值并不仅仅表现在上述这些,实际上,作为一种全面、整体地把握人的现代生存方式的哲学形态来讲,文化哲学能够涵盖多方面的领域和问题,其核心是对人的生存做理论上的观照和反思。这种反思是持续生长着的建构和批判的活动,是立足于历史和现实,面向未来发展的人的哲学。文化哲学的目标是交往的合理化、生活世界的合理化和人道化,最终到达人类的自由、解放和全面发展。文化即实践本身,人的生存永无休止,实践不断进步,文化的创造和自身反思也永远不会驻足在某一个地方,它将是"永在途中"的。

结　　语

　　文化哲学是马克思主义实践哲学的一种当代形态。马克思本人的实践哲学思考本身就有着深刻的文化哲学内涵,这种文化哲学内涵在 19 世纪并未得到充分的重视和理论的阐扬。直到 20 世纪,人类面对着严重的精神危机和生存困境,并由此发生了文化的自觉和文化哲学的兴起。西方马克思主义的文化转向使得人们重新注意马克思实践哲学内部包含的丰富的理论内涵,并对马克思主义实践哲学加以重新阐释。

　　马克思的实践哲学立足于人的现实生存结构,指出了理论与实践相统一,通过人类的革命批判活动和交往实践,达到扬弃异化和自由解放的目的。而人的实践活动本身即是文化活动,人类通向自由解放的路径必然通过文化模式的演进和转型才能达到。在文化演进的历史进程中,人类的自由活动与自然的必然性才能最终统一在一起。马克思主义哲学的文化意蕴使得文化哲学作为其内在尺度得以凸显出来。

　　马克思主义文化哲学的建构,继承了 20 世纪西方文化哲学回归生活世界的文化批判思路,在人类新的历史境遇之下凸显人的意义与价值的寻求。它以人的现代化和文化的现代化为核心精神,以追求文化合理性和交往合理性为特点,对日常生活世界进行理性批判,寻求交往的合理化和人道化。马克思主义文化哲学综合了历时态与共时态、宏观与微观尺度、个体与整体等多重观察角度,深化了文化研究的层次,强调了对文化模式和文化转型等问题的研究,脱离了传统历史哲学那种宏大的解释模式。

　　马克思主义文化哲学的建构,具有强烈的现实针对性。在全球化背景下,中国面临着多元异质文化因素并存的现状,也具有文化失范的危险。从中国文化转型和文化整合的原则、日常生活结构的重建和交往合理化这样的宏观问题,到教育体制改革这样的具体问题,都可以通过文化哲学的视野加以观照和思考。中国文化转型的核心问题是面向广大民众的文化启蒙和新时代文化精神的重建,它既是重建日常生活世界的关键,也是中国文化立足于世界,各民族文化和谐共处所必不可少的,这也正是中国化的马克思主义文化哲学所要达到的目标。

　　笔者认为,文化哲学并不是当代马克思主义哲学建构的唯一形态,但是它要表达的核心内容应该属于马克思主义具有永恒生命力的活的理论内核的一部分。哲学之思不能定于一种单一的模式和思路,而是永远"在途中",体现在和其他思想交相辉映、互相碰撞的过程中。人是实践的动物,也是文化的动物,人为了"好的生活"而进行的永恒追求,是哲学本身的最强动力。马克思主义哲学给我们的最大启示是面对人类生存境遇的活的思考、批判和实践精神。

参 考 文 献

著作类:

[1] 马克思恩格斯选集(第一卷)[M]. 北京:人民出版社,1995.

[2] 马克思恩格斯全集(第四十二卷)[M]. 北京:人民出版社,1979.

[3] 马克思. 1844 年经济学哲学手稿[M]. 北京:人民出版社,2000.

[4] 马克思. 资本论(第三卷)[M]. 北京:人民出版社,1975.

[5] [古希腊]亚里士多德. 形而上学[M]. 吴寿彭,译. 北京:商务印书馆,1959.

[6] [古希腊]柏拉图. 理想国[M]. 郭斌和,张竹明,译. 北京:商务印书馆,1986.

[7] [德]康德. 判断力批判[M]. 邓晓芒,译. 北京:人民出版社,2002.

[8] [德]康德. 实践理性批判[M]. 韩水法,译. 北京:商务印书馆,1999.

[9] [德]黑格尔.精神现象学[M].贺麟,王玖兴,译.北京:商务印书馆,1979.

[10] [德]黑格尔.历史哲学[M].王造时,译.上海:上海书店出版社,2001.

[11] [美]艾伦·G.狄博斯.文艺复兴时期的人与自然[M].周雁翎,译.上海:复旦大学出版社,2000.

[12] [德]李凯尔特.文化科学和自然科学[M].涂纪亮,译.北京:商务印书馆,1986.

[13] [德]文德尔班.哲学史教程(下卷)[M].罗达仁,译.北京:商务印书馆,1993.

[14] [英]马林诺夫斯基.文化论[M].费孝通,等,译.北京:中国民间文艺出版社,1987.

[15] [德]卡尔·雅斯贝斯.历史的起源与目标[M].魏楚雄,俞新天,译.北京:华夏出版社,1989.

[16] [德]卡尔·雅斯贝斯.时代的精神状况[M].王德峰,译.上海:上海译文出版社,1997.

[17] [英]汤因比.历史研究(中)[M].曹未风,等,译.上海:上海人民出版社,1997.

[18] [意]贝奈德托·克罗齐.历史学的理论和实际[M].傅任敢,译.北京:商务印书馆,1982.

[19] [英]沃尔什.历史哲学导论[M].何兆武,张文杰,译.桂林:广西师范大学出版社,2001.

[20] [美]威廉姆·肖.马克思的历史理论[M].阮仁慧,钟石韦,冯瑞荃,译.重庆:重庆出版社,1989.

[21] [德]奥斯瓦尔德·斯宾格勒.西方的没落[M].吴琼,译. 上海:上海三联书店,2006.

[22] [英]G. A.柯亨.卡尔·马克思的历史理论——一个辩护[M].岳长龄,译.重庆:重庆出版社,1989.

[23] [匈]卢卡奇.历史与阶级意识——关于马克思主义辩证法的研究[M].杜章智,任立,燕宏远,译.北京:商务印书馆,2009.

[24] [匈]卢卡奇.关于社会存在的本体论·上卷——社会存在本体论引论[M].白锡堃,张西平,张秋零,等,译.重庆:重庆出版社,1993.

[25] [意]葛兰西.狱中札记[M].葆煦,译.北京:人民出版社,1983.

[26] [意]葛兰西.实践哲学[M].徐崇温,译.重庆:重庆出版社,1990.

[27] [德]柯尔施.马克思主义和哲学[M].王南湜,荣新海,译.重庆:重庆出版社,1989.

[28] [南]马尔科维奇,彼德洛维奇.南斯拉夫"实践派"的历史和理论[M].郑一明,曲跃厚,译.重庆:重庆出版社,1994.

[29] [德]霍克海默.批判理论[M].李小兵,等,译.重庆:重庆出版社,1989.

[30] [德]霍克海默,阿多尔诺.启蒙辩证法(哲学片断)[M].洪佩郁,蔺月峰,译.重庆:重庆出版社,1990.

[31] [德]胡塞尔.欧洲科学的危机与超越论的现象学[M].王

炳文,译.北京:商务印书馆,2001.

[32][德]伽达默尔.科学时代的理性[M].薛华,高地,李河,
等,译.北京:国际文化出版公司,1988.

[33][法]阿尔都塞.保卫马克思[M].顾良,译.北京:商务印
书馆,1984.

[34][德]施密特.历史和结构——论黑格尔马克思主义和结
构主义的历史学说[M].张传,译.重庆:重庆出版
社,1993.

[35][美]罗伯特·戈尔曼."新马克思主义"传记辞典[M].
赵培杰,等,译.重庆:重庆出版社,1990.

[36][德]诺贝特·埃利亚斯.文明的进程——文明的社会起
源和心理起源的研究(第1卷)西方国家世俗上层行为的
变化[M].王佩莉,译.北京:三联书店,1998.

[37][英]佩里·安德森.西方马克思主义探讨[M].高铦,文
贯中,魏章玲,译.北京:人民出版社,1981.

[38][德]阿多尔诺.否定的辩证法[M].张峰,译.重庆:重庆
出版社,1993.

[39][美]马尔库塞.现代文明与人的困境——马尔库塞文
集[M].李小兵,等,译.上海:上海三联书店,1989.

[40][美]马尔库塞.理性和革命——黑格尔和社会理论的兴
起[M].程志民,等,译.重庆:重庆出版社,1993.

[41][美]马尔库塞.单向度的人——发达工业社会意识形态
研究[M].刘继,译.上海:上海译文出版社,1989.

[42][法]萨特.存在主义是一种人道主义[M].周煦良,汤永

宽,译.上海:上海译文出版社,1988.

[43][法]萨特.辩证理性批判(下)[M].林骧华,徐和瑾,陈伟丰,译.合肥:安徽文艺出版社,1998.

[44][法]雅克·德里达.马克思的幽灵——债务国家、哀悼活动和新国际[M].何一,译.北京:中国人民大学出版社,1999.

[45][美]弗洛姆.为自己的人[M].孙依依,译.北京:三联书店,1988.

[46][德]哈贝马斯.作为"意识形态"的技术与科学[M].李黎,郭官义,译.上海:学林出版社,1999.

[47][德]哈贝马斯.交往行动理论·第二卷——论功能主义理性批判[M].洪佩郁,蔺青,译.重庆:重庆出版社,1994.

[48][美]弗雷德里克·詹姆逊.文化转向[M].胡亚敏,等,译.北京:中国社会科学出版社,2000.

[49][美]本尼迪克特.文化模式[M].张燕,傅铿,译.杭州:浙江人民出版社,1987.

[50][美]C.恩伯,M.恩伯.文化的变异——现代文化人类学通论[M].杜杉杉,译.沈阳:辽宁人民出版社,1988.

[51][德]马克斯·韦伯.新教伦理与资本主义精神[M].于晓,陈维纲,译.北京:三联书店,1987.

[52][德]卡尔·曼海姆.文化社会学论要[M].刘继同,左芙蓉,译.北京:中国城市出版社,2002.

[53][美]贝尔.后工业社会的来临——对社会预测的一项探

索[M].高铦,译.北京:商务印书馆,1984.

[54][美]贝尔.资本主义文化矛盾[M].赵一凡,蒲隆,任晓晋,译.北京:三联书店,1989.

[55][美]兰比尔·沃拉.中国:前现代化的阵痛——1800年至今的历史回顾[M].寥七一,周裕波,靳海林,译.沈阳:辽宁人民出版社,1989.

[56][英]路德维希·维特根斯坦.文化和价值[M].黄正东,唐少杰,译.北京:清华大学出版社,1987.

[57][美]马斯洛.人类价值新论[M].胡万福,谢小庆,王丽,等,译.石家庄:河北人民出版社,1988.

[58][美]克利福德·格尔兹.文化的解释[M].纳日碧力戈,郭于华,李彬,等,译.上海:上海人民出版社,1999.

[59][俄]索洛维约夫.西方哲学的危机[M].李树柏,译.杭州:浙江人民出版社,2000.

[60][英]马修·阿诺德.文化与无政府状态:政治与社会批评[M].韩敏中,译.北京:三联书店,2002.

[61][美]马尔库斯,费彻尔.作为文化批评的人类学　一个人文学科的实验时代[M].王铭铭,蓝达居,译.北京:三联书店,1998.

[62][美]罗兹曼.中国的现代化[M].陶骅,等,译.上海:上海人民出版社,1989.

[63][美]理查德·罗蒂.后哲学文化[M].黄勇,译.上海:上海译文出版社,1992.

[64][美]阿里夫·德里克.后革命氛围[M].王宁,等,译.北

京:中国社会科学出版社,1999.

[65] [德]舍勒. 价值的颠覆[M]. 罗悌伦,林克,曹卫东,译. 北京:三联书店,1997.

[66] [法]波德里亚. 消费社会[M]. 刘成富,全志钢,译. 南京:南京大学出版社,2000.

[67] [美]道格拉斯·凯尔纳,斯蒂文·贝斯特. 后现代理论——批判性的质疑[M]. 张志斌,译. 北京:中央编译出版社,2001.

[68] [美]萨义德. 文化与帝国主义[M]. 李琨,译. 北京:三联书店,2003.

[69] [德]科斯洛夫斯基. 后现代文化——技术发展的社会文化后果[M]. 毛怡红,译. 北京:中央编译出版社,1999.

[70] [德]赖纳·特茨拉夫. 全球化压力下的世界文化[M]. 吴志成,韦苏,陈宗显,译. 南昌:江西人民出版社,2001.

[71] [美]马歇尔·萨林斯. 文化与实践理性[M]. 赵丙祥,译. 上海:上海人民出版社,2002.

[72] 袁贵仁. 马克思的人学思想[M]. 北京:北京师范大学出版社,1996.

[73] 叶秀山. 苏格拉底及其哲学思想[M]. 北京:人民出版社,1986.

[74] 徐崇温. "西方马克思主义"[M]. 天津:天津人民出版社,1982.

[75] 陈学明. 西方马克思主义论[M]. 沈阳:辽宁教育出版社,1991.

[76]俞吾金,陈学明.国外马克思主义哲学流派[M].上海:复旦大学出版社,1990.

[77]张汝伦.历史与实践[M].上海:上海人民出版社,1995.

[78]何兆武.历史理论与史学理论——近现代西方史学著作选[M].北京:商务印书馆,1999.

[79]韩震,孟鸣岐.历史哲学——关于历史性概念的哲学阐释[M].昆明:云南人民出版社,2002.

[80]韩震.西方历史哲学导论[M].济南:山东人民出版社,1992.

[81]任平.交往实践与主体际[M].苏州:苏州大学出版社,1999.

[82]姚纪纲.交往的世界——当代的世界交往理论探索[M].北京:人民出版社,2002.

[83]夏建中.文化人类学理论学派——文化研究的历史[M].北京:中国人民大学出版社,1997.

[84]庄锡昌,顾晓鸣,顾云深.多维视野中的文化理论[M].杭州:浙江人民出版社,1987.

[85]朱谦之.文化哲学[M].北京:商务印书馆,1990.

[86]刘述先.文化哲学[M].哈尔滨:黑龙江教育出版社,1988.

[87]许苏民.文化哲学[M].上海:上海人民出版社,1990.

[88]李荣善.文化学引论[M].西安:西北大学出版社,1996.

[89]韩民青.文化论[M].南宁:广西人民出版社,1989.

[90]刘进田.文化哲学导论[M].北京:法律出版社,1999.

[91]洪晓楠.文化哲学思潮简论[M].上海:上海三联书店,2000.

[92]何萍.马克思主义哲学与文化哲学[M].武汉:武汉大学出版社,2002.

[93]邹广文.文化哲学的当代视野[M].济南:山东大学出版社,1994.

[94]邹广文.人类文化的流变与整合[M].长春:吉林人民出版社,1998.

[95]李鹏程.当代文化哲学沉思[M].北京:人民出版社,1994.

[96]杨善民,韩锋.文化哲学[M].济南:山东大学出版社,2002.

[97]胡潇.文化的形上之思[M].长沙:湖南美术出版社,2002.

[99]杨启光.文化哲学导论[M].广州:暨南大学出版社,1999

[99]盛宁.人文困惑与反思[M].北京:三联书店,1997.

[100]贺来.现实生活世界[M].长春:吉林教育出版社,1998.

[101]张曙光.生存哲学——走向本真的存在[M].昆明:云南人民出版社,2001.

[102]邹诗鹏.生存论研究[M].上海:上海人民出版社,2005.

[103]郭建宁.当代中国的文化选择[M].北京:北京大学出版社,2004.

[104]王岳川.后现代主义文化研究[M].北京:北京大学出版社,1992.

[105]尹保云.什么是现代化——概念与范式的探讨[M].北京:人民出版社,2001.

[106]周昌忠.中国传统文化的现代性转型[M].上海:上海三联书店,2002.

[107]石元康.从中国文化到现代性:典范转移?[M].北京:三联书店,2000.

[108]佘碧平.现代性的意义与局限[M].上海:上海三联书店,2000.

[109]金民卿.文化全球化与中国大众文化[M].北京:人民出版社,2004.

[110]张奎良.马克思的哲学历程[M].上海:上海人民出版社,1993.

[111]张奎良.当代中国的马克思主义——邓小平建设有中国特色社会主义理论的创生及其逻辑系统[M].哈尔滨:黑龙江教育出版社,1996.

[112]张奎良.时代呼唤的哲学回响[M].哈尔滨:黑龙江人民出版社,2000.

[113]衣俊卿.衣俊卿集[M].哈尔滨:黑龙江教育出版社,1995.

[114]衣俊卿等.20世纪的新马克思主义[M].北京:中央编译出版社,2001.

[115]衣俊卿.历史与乌托邦——历史哲学:走出传统历史设计之误区[M].哈尔滨:黑龙江教育出版社,1995.

[116]衣俊卿.文化哲学——理论理性和实践理性交汇处的文

化批判[M].昆明:云南人民出版社,2001.

[117]衣俊卿.回归生活世界的文化哲学[M].哈尔滨:黑龙江人民出版社,2000.

[118]衣俊卿.现代化与日常生活批判——人自身现代化的文化透视[M].北京:人民出版社,2005.

[119]衣俊卿.现代化与文化阻滞力[M].北京:人民出版社,2005.

[120]丁立群.哲学、实践与终极关怀[M].哈尔滨:黑龙江人民出版社,2000.

[121]丁立群,李小娟.世纪之交的哲学自我批判[M].哈尔滨:黑龙江人民出版社,2002.

[122]丁立群.发展:在哲学人类学的视野内[M].哈尔滨:黑龙江教育出版社,1995.

[123]李小娟.走向中国的日常生活批判[M].北京:人民出版社,2005.

[124]李小娟.文化的反思与重建——跨世纪的文化哲学思考[M].哈尔滨:黑龙江人民出版社,2002.

[125]隽鸿飞.发展:人之生存方式的变迁[M].北京:社会科学文献出版社,2004.

[126]Horkheimer and Adorno, Dialectics of Enlightenment, continuum publishing company, 1988

[127]Adorno. Negative Dialectics. Routlege. 1973.

论文类:

[1]汉斯－格奥尔格·伽达默尔,卡斯腾·杜特.什么是实践哲学——伽达默尔访谈录[J].金惠敏,译.西北师大学报:社会科学版,2005(1).

[2]高清海.马克思哲学观的变革及其当代意义[C].思想解放与人的解放,黑龙江教育出版社,2004.

[3]高清海.马克思对"本体论思维方式"的历史性变革[C].思想解放与人的解放,黑龙江教育出版社,2004.

[4]高清海.哲学思维方式的历史性转变[C].思想解放与人的解放,黑龙江教育出版社,2004.

[5]杨耕.论马克思的实践唯物主义[C].杨耕集,学林出版社,1998.

[6]王南湜.从理论哲学到实践哲学——50多年来中国马克思主义哲学的发展[J].河南大学学报:社会科学版,2005(4).

[7]王南湜.论实践作为哲学概念的理论意蕴[J].学术月刊,2005(12).

[8]王南湜,谢永康.实践概念与马克思主义哲学的创新[J].吉林大学社会科学学报,2004(5).

[9]王南湜,谢永康.形而上学的遗产与实践哲学的发展路向[J].学习与探索,2005(2).

[10]王南湜.辩证法与实践智慧[J].哲学动态,2005(4).

[11]王南湜.实践、艺术与自由——马克思实践概念的再理

解[J].哲学动态,2003(6).

[12]王南湜.进入现代实践哲学的理路[J].开放时代,2001(3).

[13]王南湜,谢永康.走向实践哲学之路——王南湜教授访谈[J].学术月刊,2006(5).

[14]张一兵.当代国外实践哲学和实践唯物主义研究之理论主干[J].社会科学研究,1997(1).

[15]俞吾金.向生活世界的辩证法复归[J].探索与争鸣,2000(11).

[16]洪晓楠.文化哲学:21世纪哲学研究的新范式[J].求是学刊,2000(4).

[17]洪晓楠.20世纪西方文化哲学的演变[J].求是学刊,1998(5).

[18]邹广文.20世纪西方文化哲学的基本走向[J].吉林大学社会科学学报,1994(6).

[19]洪晓楠.从科学哲学到科学文化哲学[J].自然辩证法通讯,1999(1).

[20]洪晓楠.论20世纪中国文化哲学思潮的发展[J].大连理工大学学报:社会科学版,1999(2).

[21]洪晓楠.文化哲学研究的回顾与展望[J].哲学动态,2000(12).

[22]洪晓楠.中国当代文化哲学的理论特征[J].中州学刊,1996(1).

[23]李鹏程.文化哲学在新世纪的学术使命[J].求是学刊,

2002(5).

[24]邹广文.试论文化哲学的理论源流[J].文史哲,1995(1).

[25]邹诗鹏.文化哲学的现代性立场[J].求是学刊,2000(4).

[26]黄正泉.文化哲学特征分析[J].湖南农业大学学报,2003(2).

[27]王雨辰.当代西方马克思主义文化哲学论纲[J].青海社会科学,1999(4).

[28]王雨辰.略论西方马克思主义文化哲学的转向[J].世界哲学,2002(5).

[29]王雨辰.哲学范式的变革与世纪之交当代马克思主义哲学的发展[J].理论月刊,1999(Z3).

[30]王雨辰.试论西方马克思主义的和谐社会理论[J].山东社会科学,2005(6).

[31]王雨辰.文化价值批判与解放的乌托邦——略评西方马克思主义的文化哲学[J].国外社会科学,2004(5).

[32]李晓东.西方文化哲学的理论形态探析[J].唯实,2001(7).

[33]李晓东.西方文化哲学与马克思主义文化观[J].山东社会科学,2001(2).

[34]郁建兴.实践哲学的复兴与黑格尔哲学的新发现[J].浙江社会科学,1999(5).

[35]郁建兴.马克思与实践哲学[J].现代哲学,2003(2).

[36]钟新海,时守域.马克思实践哲学创立的内在逻辑线索[J].求实,2003(S1).

[37]乔瑞金,王涛.多维视域下的实践哲学研究刍议[J].山西高等学校社会科学学报,2004(S1).

[38]何萍.美国"文化的唯物主义"及其理论走向[J].武汉大学学报,2004(2).

[39]欧阳康.实践哲学思想溯源——从苏格拉底到亚里士多德[J].华中科技大学学报,2006(1).

[40]王江松.实践哲学探源[J].长沙理工大学学报,2006(1).

[41]徐长福.亚里士多德实践哲学的理论特质[J].学习与探索,2006(4).

[42]张建锋.马克思博士论文中的实践哲学理念[J].江苏技术师范学院学报,2006(1).

[43]张立波.论西方马克思主义的实践理论[J].北京社会科学,1996(2).

[44]李震.葛兰西的实践哲学及其人类学主题[J].社会科学研究,2006(3).

[45]梁树发.葛兰西的实践哲学体系——一种关于葛兰西的马克思主义观的新的观察视角[J].浙江学刊,2004(6).

[46]胡爱玲.知识分子——葛兰西实践哲学的历史主体[J].学习与探索,2006(2).

[47]韩志伟.生产与技术:马克思实践哲学的嬗变[J].学术研究,2005(11).

[48]张汝伦.海德格尔与实践哲学[J].哲学动态,2005(2).

[49]彭启福.理解的应用性与伽达默尔的"实践哲学走向"[J].哲学动态,2005(9).

[50]王振林.当代实践哲学与生活世界理论[J].学习与探索,
　　2005(2).

[51]房德玖.实践哲学语境中的价值定义探析[J].上海商学
　　院学报,2006(2).

[52]文兵.走出马克思主义哲学研究的自话自说[J].哲学动
　　态,2004(8).

[53]陈卫平.走向开放的马克思主义哲学——台湾对大陆近
　　二十多年马克思主义哲学研究的述评[J].毛泽东邓小平
　　理论研究,2004(9).

[54]谢永康.技术批判与马克思——一种实践哲学视野下的
　　重新思考[J].江海学刊,2004(5).

[55]彭公亮.一种真正的交往、对话如何成为可能?——兼论
　　伽达默尔后期实践哲学[J].湖北教育学院学报,
　　2003(3).

[56]杨学功.建构马克思主义哲学当代新形态[J].吉林大学
　　社会科学学报,2004(5).

[57]肖建华.从"思辨哲学"到"文化哲学"的转向[J].世界哲
　　学,2004(3).

[58]孙岩萍.马克思《手稿》的文化哲学解读[J].山东教育学
　　院学报,1999(4).

[59]李燕.实践的批判:马克思主义文化哲学探源[J].中国人
　　民大学学报,1995(4).

[60]荆学民.文化哲学三形态检讨[J].求是学刊,2000(4).

[61]邹广文.新时期文化哲学研究检视[J].求是学刊,

2000(4).

[62]邹广文.20世纪西方文化哲学的基本走向[J].吉林大学
社会科学学报,1994(6).

[63]"青年哲学论坛"部分成员.被边缘化还是自我放逐:关于
马克思主义哲学研究的学术性与现实性的对话[J].哲学
研究,2004(1).

[64]黄力之.论马克思主义文化哲学的当代建构[J].山东社
会科学,2002(2).

[65]黄力之.巴黎手稿与马克思主义文化哲学[J].学术研究,
2005(7).

[66]何中华.文化哲学中的悖论刍议[J].哲学动态,1998(1).

[67]肖建华.当代文化哲学的理论焦点述评[J].武汉大学学
报:人文科学版,2002(2).

[68]霍桂桓.全球化背景下的文化哲学研究初探(上)[J].哲
学动态,2002(4).

[69]霍桂桓.全球化背景下的文化哲学研究初探(下)[J].哲
学动态,2002(5).

[70]孙岩萍.文化哲学批判及马克思主义文化哲学框架建
构[J].青岛大学师范学院学报,1998(3).

[71]衣俊卿.论实践的多重哲学内涵[J].吉林大学社会科学
学报,1989(3).

[72]衣俊卿.人的实践与人的世界的多重对应关系——对实
践范畴的微观思考[J].江汉论坛,2002(9).

[73]衣俊卿.20世纪末中国哲学研究重大问题检讨之一实践

哲学（笔谈）实践哲学:超越与升华[J].求是学刊,2000(2).

[74]衣俊卿.马克思主义哲学演化的内在机制研究[J].哲学研究,2005(8).

[75]衣俊卿.马克思学说的一体化及其实质[J].天津社会科学,1990(2).

[76]衣俊卿.关于马克思学说的双重解读[J].学术研究,2001(12).

[77]衣俊卿."哲学的终结"与马克思主义哲学的实质[J].求是学刊,1988(1).

[78]衣俊卿.人之存在与哲学本体论范式——兼论马克思哲学的本体论意蕴[J].江海学刊,2002(4).

[79]衣俊卿.马克思思想:人之存在的文化精神[J].中国社会科学,2001(3).

[80]衣俊卿.现代实践哲学的文化内蕴——兼论中国现代化的文化精神[J].开放时代,1995(6).

[81]衣俊卿.双重文化背景中哲学理性的位移[J].开放时代,2001(3).

[82]衣俊卿.文化哲学:一种新的哲学范式[J].江海学刊,2000(1).

[83]衣俊卿.文化哲学:未来哲学的自觉形态[J].社会科学战线,1999(2).

[84]衣俊卿.论文化哲学的理论定位[J].求是学刊,2006(4).

[85]衣俊卿.论西方马克思主义的理论定位与批判指向[J].

广东社会科学,2003(2).

[86]衣俊卿.西方马克思主义的哲学范式转换及其启示[J].
江苏社会科学,2006(2).

[87]衣俊卿.新马克思主义的文化批判理论及其启示[J].中
国社会科学,1997(6).

[88]衣俊卿.文化哲学的主题及中国文化哲学的定位[J].求
是学刊,1999(1).

[89]衣俊卿.理性向生活世界的回归——20世纪哲学的一个
重要转向[J].中国社会科学,1994(2).

[90]衣俊卿.论哲学视野中的文化模式[J].北方论丛[J].
2001(1).

[91]衣俊卿.论文化的内涵与社会历史方位——为文化哲学
立言[J].天津社会科学,2002(3).

[92]衣俊卿.回归生活世界与构建文化哲学——论世纪之交
哲学理性的位移和发展趋向[J].求是学刊,2000(1).

[93]衣俊卿.日常生活批判与深层文化启蒙[J].求是学刊,
1996(5).

[94]衣俊卿.人的现代化:走出日常生活的世界[J].社会科学
研究,1992(1).

[95]衣俊卿.全球化的文化逻辑与中国的文化境遇[J].社会
科学辑刊,2002(1).

[96]衣俊卿.论世纪之交中国文化的裂变与整合——关于中
国现代化的文化精神的思考[J].开放时代,1996(2).

[97]衣俊卿.论中国现代化的文化阻滞力[J].学术月刊,

2006(1).

[98]衣俊卿.论文化转型的机制和途径[J].云南社会科学, 2002(5).

[99]衣俊卿.中国文化的转型与日常生活的批判重建——百 年现代化的深层思考[J].河北学刊,1993(2).

[100]丁立群.亚里士多德的实践哲学及其现代效应[J].哲学 研究,2005(1).

[101]丁立群.论人类学实践哲学——马克思实践哲学的性 质[J].学术交流,2005(7).

[102]丁立群.文化哲学何以存在[J].求是学刊,1999(1).

[103]丁立群.文化哲学:一种新的综合[J].社会科学战线, 2003(3).

[104]丁立群.技术实践论:另一种实践哲学传统——弗兰西 斯·培根的实践哲学[J].江海学刊,2006(4).

[105]李楠明.马克思主义哲学 50 年的历史轨迹及其内在逻 辑[J].求是学刊,2000(4).

[106]李楠明.生活世界与实践哲学的思维方式[J].北方论 丛,2001(2).

[107]李楠明.马克思实践哲学的历史定位及其现实意义[J]. 理论探讨,2000(1).

[108]李小娟.新世纪中国文化哲学的发展趋势[J].哲学动 态,2002(12).

[109]尹树广.生活世界与实践哲学[J].南京社会科学, 2004(6).

[110]陈树林.试论葛兰西对马克思实践哲学的理论贡献[J].
学术交流,2006(11).

后　记

本书是在我的博士论文的基础上修改而成的。决意整理出版,既是给自己的过往一个交代,也是对不惑之年的自己在思想上有一份新的期许。此外,我要把本书献给始终给予我关爱和支持的导师与家人。

在我写完博士论文,掩卷弃笔的那一刻,有的不是如释重负的轻松感,而是回首学习时光的沉甸甸的感叹。读博这几年是我人生中一段艰苦而宝贵的日子,艰苦是因为我的工作和学习都在一个新的起点上艰难攀登,宝贵是因为虽然付出了辛苦和努力,但也收获了知识和快乐,这让我觉得这段生活弥足珍贵。

多年的学习和研究使我对文化哲学和实践哲学有了自己的认识与理解。我认为在马克思主义的理论逻辑中,实践哲学与文化哲学之间的关系是非常密切的。从当代人的生存状况和文化处境来看,文化哲学更加贴近人的具体的、历史的生存方式,更加贴近人的日常生活世界,更加贴近人的交往方式。文化哲学的研究可以促进现实的文化批判,促进交往的合理化和人道化,促进现代文化的转型和生活世界的重建。立足于马克思实践哲学基础上的文化哲学,是实践哲学内涵的丰富和发展,是实践哲学在当代的具体化。在当代中国的马克思主义哲学研究图景中,应当凸显文化哲学的特殊地位和意义,从实践哲学研究进入文化哲学深层次研究,从文化哲学的宏观理论研究进入微观实践研究,将作为一种哲学范式的文化哲学渗透和拓展到各学科的理论研究与实践操作之中,进而作为一种思想的和现实的力量推动我国社会的现代化进程。

我的导师衣俊卿教授在文化哲学研究领域所建构的理论体系及其深刻见解,对我的学术思想和博士论文起到了奠基和直接引导的作用。衣老师真诚坦荡的人格魅力、严谨求真的治学态度、自由开放的创新意识、开拓进取的敬业精神⋯⋯这一切,给予我为人、为事、为学以深刻的影响。此外,衣老师在读书和学术探讨上给予了我较大的鼓舞,这些深刻的影响与一点一滴的关爱,让我始终带着一份温暖而坚定的力量直面困难,让我始终葆有一份自我而执着的信念勇敢前行,让我始终怀着一种平淡而从容的心态感受人生⋯⋯

由于本人的研究能力和学术水平有限,本书没有对文化哲学和实践哲学进行系统而全面的阐释,只是在这方面尽了自己最大的努力和尝试,这些努力与尝试都饱含着导师衣俊卿教授的殷殷期望和谆谆教导,蕴含着张奎良教授、丁立群教授、张政文教授、何颖教授等各位师长的悉心指导和关爱,浸润着赵海峰、隽鸿飞、郭艳君、王志军等同学的关心与帮助。我还要特别感谢我的家人,在我博士论文写作最艰难的时刻给予了我深深的理解和默默的支持。

期望此书,能成为不惑之年的我对文化哲学的研究与思考、对人生的思考与诠释的新起点。

王宏宇

2012 年 12 月